CONVERSACION Y CONTROVERSIA

TOPICOS DE SIEMPRE

Andrés C. Díaz
John Carroll University

Nino R. Iorillo
Cleveland Heights, Ohio

PRENTICE-HALL, INC., *Englewood Cliffs, New Jersey*

Library of Congress Cataloging in Publication Data

Díaz, Andrés C.
  Conversación y controversia.

    1. Spanish language—Conversation and phrase books.
2. Spanish language—Grammar—1950–   I. Iorillo,
Nino R., 1937–   joint author.   II. Title.
PC4121.D5   468'.2'421   72–1757
ISBN   0-13-171934-3

10 9 8 7 6 5 4

Printed in the United States of America

Prentice-Hall International, Inc., LONDON
Prentice-Hall of Australia, Pty. Ltd., SYDNEY
Prentice-Hall of Canada, Ltd., TORONTO
Prentice-Hall of India Private Limited, NEW DELHI
Prentice-Hall of Japan, Inc., TOKYO

CONTENIDO

CAPITULO QUINTO   39

PRIMER JUEGO   46

CAPITULO SEXTO   51

CAPITULO SEPTIMO   59

PREFACE

Human beings have always felt the need to communicate and exchange ideas, opinions, and sentiments with each other. This interchange has been traditionally called conversation or dialogue. The range of topics of conversation has been extremely wide from the superficial discussion of weather to the most profound theological, philosophical, or scientific themes. However, instead of a free exchange of ideas, the typical Spanish conversational class has been a mere interrogation of facts concerning the culture and the civilization of Spain or Spanish America.

The authors of this text have long felt that there should be a place for the free interchange of ideas on conversational topics which are somewhat relevant, interesting, and provocative. We reached the conclusion that conversation was best achieved in an atmosphere of controversy or debate of material that is common enough for everyone to hold some opinion. It may well be comfortable conversing with someone who agrees with everything we say, but it is challenging and exciting to exchange ideas with someone opposed to our viewpoint. The material we chose had to be familiar to everyone because otherwise a conversation becomes one-sided and dull. (Have you ever had to listen to someone describe a movie that he has seen but you haven't?)

We do not pretend to have covered all topics or interests. Neither do we pretend that all topics will be of interest to everyone, but we do feel that any reasonably mature, informed student should have an opinion to contribute.

We must also make clear that we do not claim to be factually correct or accurate in the opinions expressed in the themes. Neither do we claim to have exhausted all arguments pro or con, but we have striven to maintain an objectivety in the presentation of both sides of each issue. Our purpose is not to propagandize. While the style and language are as correct as was humanly possibly, there are no literary pretensions. Our main purpose is to provide a vehicle of conversation for students who have a basic understanding of the Spanish language.

Finally we wish to express our thanks and appreciation to our wives, Isora and Patricia, and to Kathy Scully for their help and cooperation in the preparation of this work.

A.C.D.
N.R.I.

TO THE INSTRUCTOR

GENERAL OBSERVATIONS

We have successfully used most of these topics of conversation by dividing a class into small groups of four to six persons. Each group becomes an entity unto itself. It may be more interesting and productive to combine different types in each group. Pair the talkative outgoing young man with the quiet, studious girl; the conservative small town youth with the urbanite. The groups can be changed often for variety. Each group should have a *director (a)* or *moderador (a)* whose principal task should be a lively conversation. It is also recommended that another be a *secretario (a)* who might take notes of the group's activities and later sum them up for the entire class. Obviously a grade can be given for each turn as *director (a)* or *secretario (a)* depending on the productivity of the discussion and the clarity of the summation. The *director (a)* should be advised to prepare the topic well; that is, he should be able to ask some rather pointed, provocative questions as well as make comments that will elicit other observations. He may find it useful to choose an unpopular point of view to provoke the others into real controversy.

An oral summation of the *secretario (a)* should represent the general or particular ideas in the course of the conversation.

Except for the *juegos* each chapter follows the same pattern. Two themes are presented of a general topic, one is pro the other con. A list of questions follows each theme but these questions are only a sample of those that the director may ask. In some chapters a third related theme is included to give the topic added dimension. A vocabularly list follows the last theme and questions. If the Spanish definition does not aid the student, he may be referred to the Spanish-English vocabulary.

The grammatical or structure review of each chapter is intended for home review rather than detailed class practice. If you feel that your students can benefit from the explanations or exercises, by all means use them. The vocabulary used, with few exceptions, is related to the general topic under discussion. Remember this sections is secondary and may be omitted entirely.

The topics and structure follow no particular order. It makes as much sense to start with Chapter twenty as with Chapter one. No one chapter is dependent upon the other.

We stress that the topics should be used as a stimulus of conversation, not lecture. The instructor's role should be nothing more than an interested participant; we hope that you will not monopolize any theme and use it as a platform for personal views. The basic objective of the book is for the student to improve his conversational ability.

INTRODUCTION OF MATERIAL

The first day of class will probably be spent on an introduction of the course and procedure. Here the groups can be formed and the first topic assigned. Name a *director (a)* and *secretario (a)* for each group. Stress the importance of preparation because improvement in fluency only comes with practice and preparation. Also grades should be based on oral performance. The class will be as interesting and beneficial as the students make it. You as instructor will go from group to group to observe and possibly make comments. Encourage freedom of expression in Spanish not English. Remember students take Spanish courses to improve their facility in Spanish not to debate in English. Avoid telling someone that he is wrong in his opinion. He may well respond by not making a contribution to any discussion.

Structural exercises may be assigned and done in class if the class level demands it. At the third year college level these exercises may be fairly easy and not worth taking class time.

One 40 or 50 minute class period may be devoted to group discussion of the topic. At the next meeting the *secretarios* could give their oral resumes after which the instructor could take time to discuss class performance, correct errors heard during the discussions, and make personal comments. Then the next topic may be introduced and a new *director* and *secretario* assigned.

If the class is called "conversation" avoid written tests. Isn't it hypocritical to grade students on written tests when you expect them to improve their oral ability? Grading each *director (a)* and *secretario (a)* is rather simple through direct observation of their performance.

The *juegos* are interspersed for variety and could well be handled in the same manner as the regular chapter. You should familiarize yourself and the class with the rules in order that all will proceed smoothly and productively. You will find the material fairly flexible. Please feel free to improvise.

TO THE STUDENT

Your main objective in studying Spanish was doubtless to communicate in the language. We believe that this purpose is both worthwhile and reasonable. To truly accomplish proficiency remember that you are trying to develop an oral yet physical skill. Only through physical practice will you improve. With this basic rule in mind try to discipline yourself to a certain set of study habits. Read each theme of each topic out loud at least once. Repeat any words which are difficult to pronounce. Study the questions and mentally prepare an answer. Try to anticipate objections to or criticisms of your answer.

Whether the structural exercises are assigned or not, it is to your advantage to do them because they offer a quick review of certain basic grammatical points as well the vocabulary of the general topic. You probably will be graded on your performance in class not in the correctness of your opinions. Your objective should be improvement in your ability to express yourself in Spanish clearly, correctly, and naturally. Avoid translating an idea from English to Spanish. Instead, state your idea simply by imitating and using some of the constructions that you encountered in the themes.

CAPITULO PRIMERO

I. TOPICO: EL MATRIMONIO

CASENSE JOVENES

Se ha dicho que el estado perfecto del género humano es el de casado. Un hombre o una mujer en estado de soltero no ha alcanzado su plenitud. No se llega a ser verdaderamente hombre o completamente mujer mientras no se contraiga matrimonio.

Pero también se dice que el matrimonio es una cosa seria, y que es un paso en la vida que debe pensarse y meditarse sabiamente. Y si, en definitiva, se debe dar ese paso, ¿cuál es la mejor edad para ello? Pues, cuando se es joven, cuando uno está lleno de vigor, de salud, de energías, de ilusiones, de esperanzas, de ambiciones. Así, todo será más fácil. Hombre y mujer juntos, con todas estas ventajas a su favor, crearán una nueva familia, con hijos fuertes y sanos.

Claro que todo no será de color de rosa. Surgirán a su paso los problemas y las dificultades propias de la vida: cuestiones

Grupo familiar. Foto cortesía de John Pitkin.

económicas, discrepancias de criterios, algún que otro conflicto sentimental; pero todas estas pequeñeces el joven matrimonio sabrá vencerlas con el optimismo, el entusiasmo, la decisión y la intrepidez que caracterizan a la juventud en general. Y cuando ya vayan pasando los años, y la experiencia, —madre de todas las ciencias,— los haya moldeado y perfeccionado, llegarán a esa edad madura, con sus hijos ya crecidos, con una economía sólida lograda con el trabajo, y un futuro libre de preocupaciones, el anhelo de ver a sus hijos ya hombres y mujeres, y tener la dicha de besar a sus nietos, dulce y tierna prolongación de sus vidas, que un día ellos iniciaron tan audazmente.

Preguntas

1. ¿Por qué se dice que el estado de casado es el perfecto del género humano?
2. Si usted es soltero, ¿por qué no se ha casado todavía?
3. ¿Qué ventajas hay en casarse joven?
4. Si usted es casado, ¿a qué edad se casó? ¿Qué opina Ud. del matrimonio?
5. A los que no se han casado todavía, ¿cuál es su opinión del matrimonio?
6. ¿Cuáles son los frutos de un matrimonio joven cuando la pareja llega a los cuarenta o cincuenta años de edad?

ME CASARE A LOS TREINTA

¿No debemos permanecer solteros toda la vida? ¿Debo, pues, casarme? Bien, pero no lo haré hasta que no cumpla los treinta años. Soy un hombre joven todavía; apenas he cumplido los veintiún años, y no quiero verme enredado tan temprano en los múltiples líos, problemas y complicaciones que trae consigo el matrimonio. A mis amigas, las muchachas jóvenes, les aconsejo que no den este paso hasta que no cumplan los veinticinco.

Primero gocemos, disfrutemos de la vida, de nuestros mejores años de la juventud. Divirtámonos, bailemos, cantemos, ríamos, despreocupémonos de las cosas serias. Después, cuando nos sintamos un poco cansados, cuando hayamos adquirido cierta experiencia de la vida, entonces, casémonos.

Tengo la seguridad que mi matrimonio será un éxito. Llegaré a él sin temor de arrepentirme al poco tiempo. Nadie podrá contarme de las delicias de la juventud, de vivir independiente, de hacer lo que me venga en ganas, pues ya todo esto lo habré experimentado. Ahora me dedicaré por entero a mi esposa, a crear un hogar estable, firme, seguro. Ya habré obtenido una posición permanente en mi trabajo y con seguridad no tendré que afrontar vicisitudes económicas.

Mi elegida también será una mujer más hecha, más responsable, orgullosa de cumplir con sus deberes de ama de casa, esposa y madre. En otras palabras, estaremos dispuestos a tomar la vida en serio, porque, ¿no dicen que el matrimonio es una cosa seria?

Preguntas

1. ¿Por qué se dice que no debemos casarnos mientras no cumplamos los treinta años?
2. ¿Qué ventajas hay para las muchachas en esperar hasta que cumplan los veinticinco?
3. ¿Qué experiencia de la vida se debe ganar antes de que se case uno?
4. ¿Por qué será más un éxito el matrimonio de uno que no es muy joven?
5. ¿En qué sentido es el matrimonio "una cosa seria"?
6. ¿Cree usted en el matrimonio, o en el amor libre?

EL DIVORCIO

A través del divorcio se rompe el vínculo matrimonial que une a un hombre y a una mujer. Esa unión de hombre y mujer, el matrimonio, es la base o el fundamento de la familia, y a su vez es la familia el cimiento sobre el que descansa la sociedad. El divorcio es, entonces, un valor negativo dentro de la sociedad humana, puesto que tiende a destruir algo muy esencial para ella.

Sin embargo, la mayoría de las legislaciones del mundo entero han aceptado el divorcio como un mal menor, para evitar males mayores. Si el matrimonio, y consecuentemente la familia, no logra los objetivos que le son sustanciales y, por el contrario, es fuente de discordia, de infidelidad, de sufrimientos, de malos ejemplos, es preferible la disolución de lo que en realidad no cumple su cometido.

Evidentemente que el divorcio, como valor negativo dentro de la sociedad, pero tal vez necesario, debe ser usado con mucho tacto y en los casos extremos, cuando no exista otra solución al conflicto. De ahí que en los países o lugares en donde existe esta institución jurídica, salvo algunas excepciones, restrinjan su uso y aplicación. No es posible, en tan pocas líneas, ni esbozar siquiera este tema tan candente, tan trascendente, tan controvertible. Muchos hay que se oponen abiertamente al divorcio. Algunas religiones no lo aceptan y, asimismo, países como España y la Argentina no lo reconocen.

Nada hemos dicho de las consecuencias que el divorcio trae cuando existen hijos en el matrimonio, de la situación de desventaja en que queda la mujer divorciada, de los efectos psicológicos que a todos los miembros de la familia, —hombre, mujer e hijos,— produce. Dejemos a los estudiantes meditar y discutir sobre este tema tan importante.

Preguntas

1. Aunque sea de valor negativo, ¿es necesario el divorcio? Explique su criterio.
2. ¿Por qué se divorcian tantas personas en los Estados Unidos?
3. La religión católica prohibe el divorcio. ¿Qué opina usted de ello?
4. ¿Cree usted que es mejor no reconocer el divorcio como en España, o permitirlo, como en los Estados Unidos?
5. ¿Para quién es el divorcio peor: para el hombre, para la mujer, o para los hijos?
6. Si usted fuera divorciado, ¿volvería a casarse? Explíquese.

VOCABULARIO

adquirir (ie) ganar, obtener
afrontar hacer frente a algo
ama dueña, patrona, jefa
anhelo fuerte deseo
apenas casi
bodas ceremonias nupciales
candente muy caliente, apasionado
cimiento base, fundación
cometido los resultados que se esperan de una cosa

contraer adquirir u obtener una responsabilidad
controvertible que da lugar a muchas discusiones
cumplir los X años llegar a tal edad
dar un paso cambiar de posición o de estado
de ahí que consecuentemente, lógicamente

de color de rosa (*fig.*) fácil, sin problemas
deber (el) responsabilidad
despreocuparse no tener cuidado
discordia oposición de criterios, de ánimos
discrepancia diferencia, desigualdad
disfrutar gozar, sacar beneficio de algo
divertirse (ie, i) alegrarse, distraerse por un rato
enredado confundido
lograr alcanzar, obtener
llegar a ser alcanzar, lograr un determinado objetivo

moldear dar forma
pareja conjunto de dos personas, un par
permanecer mantenerse en el mismo lugar, no cambiar de lugar
plenitud (la) totalidad
por entero completamente
restringir limitar
sabiamente con prudencia o inteligencia
surgir aparecer
tacto cuidado
trascendente importante
vicisitud (la) cambio, alternativa
vínculo unión, lazo

II. REPASO GRAMATICAL "AD HOC"

1. La Edad

Para expresar la edad en algunas cláusulas subordinadas, además de la forma **tener + el número de años,** se puede usar también la forma **a los + el número de años.** Esta forma simplifica la oración y evita, en los casos necesarios, el uso del subjuntivo.

Ejemplos: Se casará en cuanto tenga treinta años.
Se casará **a los treinta años.**
Se graduó cuando tenía veinticuatro años.
Se graduó **a los veinticuatro** (años).

Ejercicio

Cambie las siguientes oraciones, siguiendo la forma indicada en los ejemplos anteriores:

1. Se graduará cuando tenga 30 años. 2. Se casarán tan pronto tengan 40 años. 3. Tuvo su primer hijo cuando tenía 20 años. 4. Salió de Cuba cuando tenía 23 años. 5. Se divorció en cuanto tuvo 50 años. 6. Se separó de su mujer cuando tenía 60 años. 7. Contraerá matrimonio así que tenga 19 años. 8. Va a retirarse tan pronto tenga 65 años. 9. Celebrará sus bodas de plata cuando llegue a los 55 años. 10. Viajó en tren por primera vez cuando tenía 15 años.

2. El Uso del Subjuntivo en los Mandatos Colectivos

Para dar una orden o sugerir una acción en la que se incluye la persona que la da, se usa la forma del presente del subjuntivo en la primera persona plural (nosotros). También puede usarse la forma **vamos a + el infinitivo.**

Recuérdese que: (a) cuando haya necesidad de usar pronombres objetos, se unirán a la forma verbal si el mandato es afirmativo; (b) en los mandatos negativos dichos pronombres objetos se antepondrán al verbo; y (c) en los casos en que el verbo sea reflexivo, se omitirá la *s* final del verbo si el mandato es afirmativo, no así si es negativo.

Ejemplos: Levantémonos = Vamos a levantarnos
Hablemos   = Vamos a hablar
Comamos   = Vamos a comer
Subamos   = Vamos a subir
Hagámoslo = Vamos a hacerlo
Llamémoslos = Vamos a llamarlos

Afirmativo   *Negativo*
Practiquémoslo   No lo practiquemos
Amémosla   No la amemos
Sentémonos   No nos sentemos

Ejercicios

a) Cambie a la forma del subjuntivo:

1. Vamos a disfrutar de la vida. 2. Vamos a casarnos. 3. Vamos a cantar. 4. Vamos a reír. 5. Vamos a despreocuparnos. 6. Vamos a bailar. 7. Vamos a gozar del buen tiempo. 8. Vamos a iniciarlo. 9. Vamos a terminarla. 10. Vamos a empezarlo. 11. Vamos a adquirir una educación. 12. Vamos a contraer matrimonio. 13. Vamos a afrontar los líos. 14. Vamos a divertirnos. 15. Vamos a experimentar más.

b) Cambie a la forma negativa los siguientes mandatos:

1. Hablémosle. 2. Creámosles. 3. Examinémoslo. 4. Comprémoslo. 5. Acostémonos. 6. Mirémoslas. 7. Matémoslas. 8. Divorciémonos. 9. Hagámoslo. 10. Prestémoslo.

3. El Subjuntivo en Cláusulas Subordinadas con Conjunciones Adverbiales de Tiempo

Es necesario el uso del subjuntivo en las cláusulas subordinadas, después de conjunciones adverbiales de tiempo, en los casos en que la acción expresada en dicha cláusula subordinada es de futuro o indeterminada en relación con la expresada en la cláusula principal.

Ejemplos: Le daré el dinero **cuando lo vea.**
Te llamo **tan pronto como** ella **venga.**
Le hablaré **así que llegue.**
No puedo hacer nada **mientras** él **esté** en casa.
Me darán el regalo **después de que comamos.**
Lo tendrás **antes de que** lo **necesites.**

Ejercicio

Complete las siguientes oraciones empleando la frase verbal en paréntesis, haciendo uso de la forma subjuntiva:

Modelo: No me caso hasta que . . . (cumplir los treinta años)
No me caso hasta que cumpla los treinta años.

1. No me caso mientras no . . . (gozar de la vida). 2. Me casaré así que . . . (disfrutar de todo). 3. No tendremos hijos hasta que . . . (haberse divertido). 4. Me divorciaré así que . . . (sentirse cansado). 5. Contraeré matrimonio cuando . . . (encontrar la mujer ideal). 6. No llegas a la plenitud mientras no . . . (contraer matrimonio). 7. Perfeccionarás tu matrimonio así que . . . (tener hijos). 8. Te aconsejo que te cases cuando . . . (terminar tu educación). 9. Debes separarte de tu marido tan pronto como . . . (saber que te es infiel). 10. No llegarás a ser un verdadero hombre mientras no . . . (crear un hogar).

CAPITULO SEGUNDO

I. TOPICO: LA CORRIDA DE TOROS

¡VIVA LA CORRIDA!

Muchos americanos me han dicho que están en contra de la corrida de toros porque, a su juicio, es bárbara, cruel y sangrienta. En su concepto de competición o "fair play", como dicen, la corrida de toros representa todo lo malo que puede haber en el hombre. Al oponerse a ella se olvidan por completo que la corrida no es un deporte ni un espectáculo. Realmente es la vida, y como la muerte es el término de la vida también tiene su lugar en esta representación. La vida: la lucha, la resistencia y la muerte. ¿No son ellas los elementos de la vida? Claro, nacemos, luchamos, resistimos y, al final, morimos, a veces sin quererlo, pero de todos modos lo aceptamos.

Bueno, pero basta de filosofía y de discusión. Vamos a la plaza y compramos un boleto. ¿Qué prefiere usted, el lado soleado o el de sombra? Mejor que nos sentemos en el de sol, pagamos menos y

Corrida de toros. Foto cortesía de The Bettmann Archive.

11

estamos con los verdaderos aficionados. ¡Oiga, la banda ya toca una pieza! ¿La conoce? Creo que es "España Cañí". Aquí vienen los toreros, vestidos con sus trajes de luces. La procesión de ellos me da escalofríos, porque sé bien que van a enfrentar la muerte. Ya salen, dejando entrar a los toros. ¡Qué fuerza! ¿Se imaginó usted que eran tan grandes? ¿Se atrevería a enfrentarlos? No creo que yo pudiera. Ahora los picadores aplican su arte. Esto hace más bravos a los toros. Mire la maestría y la gracia del torero. ¡Qué destreza! Es más un bailarín que un matador porque, como bien se sabe, un buen torero tiene que hacer los pases con gracia. Admiramos sus habilidades artísticas, mientras el toro se debilita. Y el momento de poner las banderillas es realmente espectacular y emocionante; los banderilleros hacen alarde de destreza y coraje.

Por último, el momento de la verdad, pasando tan cerca de los cuernos del animal: la estocada final, la muerte del toro, y la dura realidad de la vida.. . .

Preguntas

1. Para los que han presenciado una corrida de toros, ¿crees que es un deporte, un arte o un espectáculo? Explica tu criterio.
2. Para los que no han presenciado una corrida de toros, ¿qué idea tienes de la misma?
3. ¿Qué opinas de los toreros o matadores? ¿Ganan mucho dinero?
4. ¿Qué sucede si el torero es muerto por el toro?
5. Si fueras a una corrida de toros, ¿quisieras ver a un torero herido por un toro?
6. ¿Sabes qué hacen con el toro después de muerto?

LA CORRIDA DE TOROS ES BARBARA

La corrida de toros no cabe en mi definición de un deporte porque es una lucha desigual entre un animal, aunque sea fuerte y feroz, y un hombre. Digan lo que digan, a pesar de su gran fuerza y ferocidad, el toro no es el igual del hombre con sus superiores capacidades mentales y además su arma, la espada.

Cierto que no es una lucha igual porque, como bien se sabe, el toro perderá en el noventa y nueve por ciento de los casos, a veces sufriendo horriblemente por la técnica poco experta de los novilleros, que no son tan diestros para matar con una sola estocada. En los otros deportes, aun en el boxeo, hay una contienda entre dos combatientes, o equipos, de igual o casi igual poder, mientras que la corrida de toros es la señalada excepción.

¿Dicen que es un espectáculo? ¿Es la tortura y la muerte de un animal una diversión? ¿No tenemos, nosotros los seres intelectuales, mejor forma de recreación que ver este asesinato tan sangriento? ¿Cuándo llegaremos a ser civilizados? ¿Seguiremos siendo tan bárbaros y aficionados a esta matanza tan cruel?

Nunca podré aceptar que el propósito de la vida pueda admitir el de inflingir dolor o pena a un animal que es capaz de sentirlo. Estoy seguro que en el orden de la creación el toro no fue creado para ser torturado tan brutalmente por otro ser con más inteligencia, que debería encontrar mejores modos de pasar el tiempo.

Me alegro de que en los Estados Unidos nunca sea aceptada la corrida de toros con su básica brutalidad. Lo único bueno que veo en este barbarismo es la música taurina que lo acompaña, pero podemos gozar de ella sin ver tan cruel espectáculo.

Preguntas

1. ¿Crees que, en efecto, la corrida de toros es bárbara?
2. ¿Crees que vale la pena que un hombre exponga su vida ante un animal, con el propósito de ganar gloria y dinero y al mismo tiempo satisfacer la morbosidad de una muchedumbre?
3. ¿Consideras que la tortura y muerte de un animal pueda constituir una diversión, un espectáculo o un arte?
4. ¿Por qué crees que en los Estados Unidos y en otros países están prohibidas las corridas de toros?
5. ¿Eres partidario de que se acepten en los Estados Unidos las corridas?
6. ¿Cuáles son los países donde más se practica este espectáculo?

LOS DEPORTES

¿Cuál es tu deporte favorito? Hay tantos que a veces encuentro difícil saberlo. Bueno, trataré de analizarlos. Primero, creo que hay deportes que nos gusta ver como espectadores, y otros en los cuales tomamos una participación más activa. Claro que las cualidades de los dos tipos no son iguales, porque hay deportes que son emocionantes presenciar, y otros que nos aburrirían ver porque, como espectadores, tenemos poco interés en ellos.

Hay algunos deportes que pueden pertenecer a los dos grupos, como el béisbol. Muchos dicen que este pasatiempo nacional va perdiendo popularidad, por el lento paso de su acción. El lanzador gasta mucho tiempo preparándose para lanzar la pelota. El bateador también pierde tiempo ajustándose los pantalones o quitando un poco de tierra de los zapatos. Aunque a veces me gusta ver un buen juego de béisbol, me gustaría más jugarlo con un buen grupo de amigos. También es así con el básquetbol, porque la destreza necesaria para participar en él no es tan grande, y con un mínimo de habilidades y fuerza podemos todos, aun las muchachas, gozar del ejercicio y la competición de este deporte.

El fútbol creo, al contrario, es más bien un deporte para los espectadores, aunque a muchos les gusta jugarlo en forma menos violenta. ¿Jamás has visto un buen partido de fútbol europeo, o sóquer, como decimos en este país? También es un deporte muy interesante, por su paso rápido y la sencillez del juego. A veces el fútbol americano puede confundirnos con sus reglas complicadas.

El tenis es más un deporte para jugarlo que para presenciarlo, al igual que la pelota de mano, el boleo y el golf, mientras que el boxeo, la lucha libre y el jai-alai son más bien para disfrutarlos como espectadores, ya que requieren que tengamos habilidades más desarrolladas, aparte de que algunos de ellos son demasiado violentos.

En todos los casos creo que lo esencial de cada deporte es que nos brinda la oportunidad de competir, lo que nos produce una emoción y, al mismo tiempo, nos proporciona un ejercicio corporal, muy necesario para la salud, especialmente en estos tiempos en que la vida se va haciendo cada vez más cómoda y sedentaria.

Preguntas

1. ¿Cuál es tu deporte favorito?
2. ¿Participas activamente en algún deporte?
3. ¿Qué opinas del béisbol?

4. ¿Cuál es tu opinión sobre el boxeo?
5. ¿Qué puedes decirnos sobre el fútbol americano? ¿Crees que es el deporte nacional? ¿Por qué?
6. Los deportistas o jugadores de la época actual, ¿son mejores o peores que los de épocas anteriores?

VOCABULARIO

aburrir no interesar, cansar

aficionado que cultiva o siente interés por un arte o deporte, sin tenerlo por oficio

ajustar arreglar, componer

alarde (el) ostentación, gala

asesinato muerte premeditada

atreverse tratar de hacer algo a pesar del costo o peligro

bailarín uno que baila por oficio

banderilla palo delgado, armado de un arponcillo de hierro

banderillero torero que pone banderillas

boleto billete

bravo feroz, enojado

contienda disputa, competición, juego, partido

coraje (el) valor

cuerno prolongación de hueso duro de la cabeza de un animal

debilitar hacer más débil, disminuir la fuerza de alguien

deporte (el) competición, juego, recreación

destreza habilidad, arte

diestro hábil, experto

enfrentar afrontar, poner frente, oponer

escalofrío reacción del cuerpo en que se siente frío y calor al mismo tiempo

estocada golpe que se da de punta con la espada

infligir, inflingir dar pena o castigo corporal

lanzar arrojar, tirar

lucha libre (véase vocabulario español-inglés)

maestría arte y habilidad de hacer algo expertamente

matanza acción de matar

morboso estado físico o psíquico no sano

muchedumbre (la) reunión de gran número de personas

nacer empezar la vida

pase (el) movimiento que hace el torero para evitar al toro

paso progreso

pertenecer ser parte de un grupo, cuerpo o asociación

picador torero de a caballo, que pica a los toros

pieza parte, composición musical

requerir (ie, i) necesitar

sangriento que echa sangre

sencillez (la) simplicidad

señalado famoso, insigne

soleado que recibe directamente la luz del sol

sombra obscuridad, falta de luz

taurino relativo al toro o a la corrida de toros

término último punto hasta donde   bordado de oro o plata, que usan
llega una cosa; límite, fin   los toreros
traje de luces (el) traje de seda,

II. REPASO GRAMATICAL "AD HOC"

4. El Tiempo Futuro Simple

Se forma el futuro simple añadiendo al infinitivo las siguientes terminaciones: **-é, -ás, -á, -emos, -éis, -án,** para las correspondientes personas del singular y plural.

ADMIRAR

yo admirar**é**   nosotros admirar**emos**
tú admirar**ás**   vosotros admirar**éis**
él   ⎫   ellos   ⎫
ella ⎬admirar**á**   ellas   ⎬admirar**án**
usted ⎭   ustedes ⎭

Hay cierto número de verbos en que para la formación del futuro simple no puede tomarse su forma infinitiva, aunque las terminaciones son las mismas en todos los casos. He aquí la lista de los más comunes, y sus raíces:

VERBO	RAIZ	
caber	cabr	yo cabré, tú cabrás, él cabrá, nosotros cabremos, etc.
decir	dir	yo diré, tú dirás, él dirá, etc.
haber	habr	yo habré, tú habrás, él habrá, etc.
hacer	har	yo haré, tú harás, etc.
poder	podr	yo podré, tú podrás, etc.
poner	pondr	yo pondré, tú pondrás, etc.
querer	querr	yo querré, tú querrás, etc.
saber	sabr	yo sabré, tú sabrás, etc.
salir	saldr	yo saldré, tú saldrás, etc.
tener	tendr	yo tendré, tú tendrás, etc.
valer	valdr	yo valdré, tú valdrás, etc.
venir	vendr	yo vendré, tú vendrás, etc.

El tiempo futuro simple puede también expresarse en español usando el verbo **ir** como auxiliar, en el presente, seguido de la preposición **a** más el verbo principal en su forma infinitiva.

Ellos **van a ver** una corrida = Ellos verán una corrida.
Vamos a admirar al torero = Admiraremos al torero.

Ejercicios

a) Cambie las siguientes oraciones al tiempo futuro, según el modelo:

No acepto la corrida.
No aceptaré la corrida.

1. El torero viene ahora. 2. No sé nada de la corrida. 3. Hay muchos deportes crueles. 4. ¿No quieren ustedes ver la corrida? 5. ¿Qué dicen los americanos? 6. Los banderilleros hacen alarde de coraje. 7. ¿Cuándo salen los toros? 8. ¿Dónde ponen las banderillas? 9. ¿Cuántos espectadores caben en el estadio? 10. Un buen torero tiene que hacer los pases con maestría.

b) Cambie las mismas oraciones del apartado (a) usando la forma futura **ir a + infinitivo** según el modelo:

No acepto la corrida.
No **voy a aceptar** la corrida.

c) Cambie de una forma a la otra, futuro, las siguientes oraciones, de acuerdo con los modelos:

No va a ser aceptada.　　El torero matará al toro.
No **será** aceptada.　　El torero **va a matar** al toro.

1. Los picadores van a aplicar su arte. 2. Verán una corrida. 3. Vamos a estar con los aficionados. 4. El toro perderá. 5. No voy a aceptar la corrida. 6. Los toreros enfrentarán la muerte. 7. La banda va a tocar "España Cañí". 8. La procesión te dará escalofríos. 9. ¿Vas a tratar de analizarlo? 10. Gastarás tu tiempo en la corrida.

5. El Subjuntivo con Verbos de Emoción

Se usa el subjuntivo en cláusulas subordinadas que son precedidas por verbos o expresiones que indican o manifiestan emoción.

Me alegro de que la corrida no **sea** aceptada en los Estados Unidos.
Me gustaría que no **hicieran** sufrir tanto al toro.
Es lástima que el toro **tenga** que morir.
Sentí mucho que **hirieran** al torero.
Espero que oigamos la música taurina.

Ejercicios

a) Cambie las siguientes frases, usando la expresión **me alegro de que,** según el modelo:

Frase:　La corrida no fue cruel.
Cambio:　Me alegro de que la corrida no fuera cruel.

1. No se tortura al toro. 2. El toro no sufre. 3. La corrida no es aceptada en este país. 4. A usted le gusta el béisbol. 5. Mi equipo ganó el campeonato.

b) Ahora use la expresión **espero que,** según el modelo:

> Frase: Van a la plaza.
> Cambio: Espero que vayan a la plaza.

1. Podemos gozar de un buen partido de fútbol. 2. Ellos ven una corrida. 3. Hay una contienda interesante. 4. Los toros entran ahora. 5. Tú juegas al tenis.

c) Use ahora la expresión **es lástima que,** según el modelo:

> Frase: Es sangriento el toreo.
> Cambio: Es lástima que sea sangriento el toreo.

1. El toro muere. 2. Los toros sufren muchos. 3. Matan a muchos toros. 4. Tiene que enfrentar la muerte. 5. Perdimos el juego.

d) Ahora use la expresión **siento que,** según el modelo:

> Frase: El toro se debilita.
> Cambio: Siento que el toro se debilite.

1. No se sabe nada de la corrida aquí. 2. Dicen que es un deporte. 3. Ya salen los toros. 4. Se sienta en el lado de sol. 5. No sé jugar jai-alai.

6. Otro Uso del Subjuntivo

Se usa también el subjuntivo en expresiones tales como **digan lo que digan, sea lo que sea, hagan lo que hagan,** etc., cuyos equivalentes en inglés vendrían a ser *say what they will,* o *let them say what they will* o *say what they may, be that as it may, let them do what they will,* etc.

> **Digan lo que digan,** la corrida de toros es cruel
> **Sea lo que sea,** no me gusta el toreo

Ejercicio

Forme expresiones similares a las expuestas, tomando como base el postulado de que **la corrida es cruel,** y haciendo el comentario con las oraciones que se dan a continuación. Véanse los siguientes modelos como guía:

> Oración: Los picadores saben su arte
> Comentario: **Sepan lo que sepan,** la corrida es cruel
> Oración: Dicen que es un arte
> Comentario: **Digan lo que digan,** la corrida es cruel

1. Los toros son muy bravos. 2. Los banderilleros hacen alarde de coraje. 3. Muchos ven la corrida en España. 4. Un buen torero enfrenta la muerte con valor. 5. Los españoles aceptan la corrida como un reflejo de la vida.

7. El Verbo GUSTAR

Recuérdese que el verbo **gustar** tiene una consideración especial en español. En la práctica solamente se conjuga en la tercera persona, singular y plural, ya que el sujeto en la oración viene a ser **lo que se gusta**, y **a quien le gusta** viene a ser el objeto indirecto.

A Juan le **gusta** el deporte.
A Juan le **gustan** los deportes.
¿Te **gustó** el juego?
¿Te **gustaron** los juegos?
Me **gustará** la pelea de boxeo.
Me **gustarán** las peleas de boxeo.
Me **gustaría** un buen partido de béisbol.
A María le **gustarían** los bolos.

Ejercicios

a) Cambie las siguientes oraciones al plural, según el modelo:

No me gusta el toro.   No me gustan los toros.

1. Les gusta la plaza.   2. A los americanos no les gustó la banderilla.   3. Te gustará la corrida.   4. No me gusta este barbarismo.   5. No nos gusta la lucha desigual.   6. ¿Te gusta la tortura?   7. Me gustaría esta cualidad.   8. A mi padre y a mí nos gusta el pasatiempo activo.   9. ¿Te gusta el verdadero aficionado?   10. A María no le gustó el picador.

b) Conteste las siguientes preguntas, con oración completa:

1. ¿Te gusta la lucha libre?   2. ¿Les gusta a los americanos el jai-alai?   3. ¿Qué te gusta más, el béisbol o el fútbol?   4. ¿Le gusta a tu padre el básquetbol?   5. ¿A quiénes les gustan más las corridas de toros?

Cuando el verbo **gustar** precede a otro verbo en infinitivo, dicho verbo **gustar** siempre se conjuga en singular, nunca en plural.

Me **gusta** ver un buen partido de fútbol.
A Juan y a mí nos **gusta** escalar las montañas.

Ejercicio

Conteste las siguientes preguntas, con oración completa:

1. ¿Te gustó ver los partidos de sóquer?   2. ¿Te gustaría ser un buen jugador de tenis?   3. ¿Les gustó a ustedes presenciar las olimpiadas?   4. ¿Les gusta a los japoneses jugar al béisbol?   5. ¿Le gustaría a usted ganar el campeonato de boxeo?   6. ¿Te gustaría bolear con nosotros?

CAPITULO TERCERO

I. TOPICO: ¿HERENCIA O MEDIO AMBIENTE?

LA HERENCIA

Todos sabemos que a través de la herencia los organismos vivientes, —hombres, animales y plantas,— transmiten a sus generaciones, por vía de reproducción, ciertos factores o características que determinan, en mayor o menor grado, un parecido con sus progenitores. De ahí que la herencia haya tenido siempre una gran influencia en la evolución y desarrollo de la humanidad, que es a la que en particular nos hemos de referir.

¿Hasta qué punto la ley de la herencia ejerce influencia en el hombre, no tan sólo en el aspecto físico y biológico, sino también en el campo de las características mentales, de las emociones, de las reacciones que en general determinan la conducta o manera de ser del hombre?

Es evidente que las características hereditarias de índole física y biológica son de gran importancia en el hombre. Por ejemplo,

Niños de un barrio pobre. Foto cortesía de Ed. James.

la determinación de la raza, ya sea negra, blanca, amarilla, roja, o la mezcla de algunas de ellas, influyen muchas veces en el hombre. La estatura, los rasgos fisonómicos, son también relevantes. Tomemos, por ejemplo, el caso de una mujer extremadamente bonita y hermosa: puede dar lugar a que desarrolle un sentimiento de orgullo, de vanidad, de soberbia que, posiblemente, no lo encontraríamos en una mujer medianamente fea o con poca belleza. Un hombre alto, fuerte, con características físicas no comunes, puede desarrollar un carácter agresivo, violento, mientras que un hombre bajito, débil, enclenque, puede ser invadido por un complejo de inferioridad que posiblemente lo anule en la gran lucha por la vida.

En otro aspecto, la inteligencia, ciertas aptitudes naturales para el ejercicio y desarrollo de las artes, como la pintura, la música, la escultura, pueden ser rasgos que se adquieren por herencia, y los cuales seguramente han de influir en aquéllos que los posean.

No hay dudas, pues, que la herencia es de una extraordinaria importancia en la vida de la humanidad.

Preguntas

1. ¿Qué sabe usted sobre las leyes de la herencia?
2. ¿Qué importancia tiene, en su opinión, la herencia en el desarrollo del hombre?
3. ¿Cuál es su opinión sobre las distintas razas? ¿Cree usted que hay razas superiores a otras, o que, por el contrario, no hay superioridad de una sobre otra?
4. ¿En quién cree usted que la herencia ejerza más influencia, en el hombre o en la mujer?
5. ¿Estima usted que las aptitudes o talentos artísticos se heredan, o que son más bien dones naturales con los que nace una persona?

EL MEDIO AMBIENTE

Desde el mismo instante que un ser humano nace a la vida, va a encontrarse con el medio ambiente, que ejercerá sobre él, durante todo el resto de su existencia, hasta que muera, una influencia extraordinaria.

Pensemos, por ejemplo, en un muchachito, hijo de padres pobres, sin educación, que viven miserablemente en una pequeña habitación, que carecen de las cosas más simples para cubrir las más elementales necesidades. Pensemos ahora en un niño, hijo de padres ricos, con buena educación, rodeado de todas las comodidades, de todo el confort y ventajas que da una posición adinerada. En general, esos dos niños, a medida que vayan creciendo, ¿pueden tener las mismas ideas, los mismos pensamientos, igual conducta, semejantes reacciones ante iguales problemas? Seguramente que no.

El hombre que ha vivido siempre en el campo o en una pequeña aldea o pueblo, y el hombre que ha vivido en una gran ciudad, que trabaja en una fábrica o industria, ¿tendrán, en general, los mismos puntos de vista sobre un asunto en particular, sobre la manera de solucionarlo? ¿Sus reacciones serán semejantes? Es muy posible que no.

La mentalidad de un hombre que ha vivido siempre en la opulencia, que no ha conocido o que no ha vivido en un medio de miseria, de calamidades, de penurias, no será igual a la de aquél que ha sentido en su carne el aguijón del hambre, que no ha podido satisfacer sus necesidades, que no ha visto hecho realidad ni la más simple de sus ambiciones.

El medio ambiente, sin lugar a dudas, determina en gran parte el destino y la vida del hombre, con las naturales excepciones que siempre se encuentran en toda regla de carácter general.

Preguntas

1. ¿Qué entiende usted por "medio ambiente"?
2. ¿Cree usted que la pobreza o la riqueza son factores muy importantes en la vida del hombre?
3. ¿Cómo determinan las circunstancias geográficas la vida del hombre? Por ejemplo, los que nacen y viven en Groenlandia, o los componentes de las tribus africanas o los pieles rojas americanos.
4. ¿Qué importancia tiene el medio político-social en que se desenvuelve el hombre? Por ejemplo, el que vive en los países comunistas o el de los países democráticos.
5. ¿Cree usted que la religión es un factor importante dentro del medio ambiente?

HERENCIA Y MEDIO AMBIENTE

Herencia y medio ambiente se complementan, y estos dos factores unidos, y gravitando sobre el hombre, habrán de determinar su vida presente y futura. ¿Es más importante la herencia que el medio ambiente, o viceversa? No sabemos y, a fin de cuentas, poco importa determinar ese grado. Lo cierto es que el hombre no puede escapar por entero a su influencia.

¿Que hay casos en que el hombre rompe esa influencia y, a despecho de las leyes de la herencia y del medio ambiente, forja una personalidad distinta, diferente a la que era de esperar? Cierto. Pero esto no es más que la excepción que confirma la regla. Estos son hombres fuera de lo corriente, de lo común, hombres superiores, superdotados, y quién sabe si a lo mejor la ley de la herencia ha ejercido en estos casos su influencia, pues ha transmitido cualidades que aunque no parecen pertenecer a sus más próximos antecesores, sí figuraron en otros ascendientes más lejanos.

De todas maneras, el hombre, con sus características heredi- tarias, con las circunstancias que lo rodean, irá a través de los caminos de la vida bajo la influencia determinante de esos factores. Y así vemos como unos son buenos y otros malos, unos inteligentes y otros estúpidos; optimistas, realistas o pesimistas; anárquicos, liberales o conservadores; orgullosos o modestos; pasionales o calcu- ladores; dadivosos o avaros; en fin, desplegando toda la gama de virtudes, vicios, pasiones, perfecciones, fortalezas, debilidades, gran- dezas y pepueñeces, que han acompañado al hombre desde su creación hasta el presente y que, según todo parece indicar, lo seguirá acompañando hasta el fin de sus días.

Preguntas

1. ¿Cuál de los dos factores ejerce más influencia, la herencia o el medio am- biente? Explique su opinión.

2. ¿Cree usted que existan medios para contrarrestar las características heredi- tarias o de medio ambiente adversas o perjudiciales? ¿Cuáles serían esos medios?

3. ¿Conoce usted casos en que el hombre ha vencido estas adversidades? Mencione y explique algunos de esos casos.

4. ¿Está usted satisfecho con el medio ambiente en que vive, o anhela algún cambio?

5. ¿Qué características hereditarias favorables ha heredado usted? ¿Cree tener alguna característica hereditaria desfavorable?

VOCABULARIO

a despecho de   a pesar de, contra la voluntad o gusto de uno

a medida que   mientras, al mismo tiempo

adinerado   que tiene mucho dinero, rico

aguijón (el)   punta, extremo, sensación

ambiente (el)   conjunto de circunstancias que acompañan a un hombre

anular   cancelar, abolir, borrar

ascendiente (el)   antecesor

avaro   que tiene el afán o deseo fuerte de poseer riqueza

carecer   faltar, no tener

comodidad   conveniencia

corriente   tiempo actual, ahora

dadivoso   liberal, generoso

dar lugar a   causar, permitir

debilidad   falta de fuerza

desarrollar   desenvolver

ejercer   realizar, actuar; practicar los actos de un oficio o profesión

enclenque   débil, enfermizo

feo   no bonito

forjar   formar, dar forma

fortaleza   fuerza, vigor

gama   escala, panorama

gravitar   pesar sobre alguien una influencia

herencia   el fenómeno de recibir características de los padres

índole (la)   tipo, clase

lejano   distante

medio ambiente   circunstancias de la vida

penuria   escasez, falta de las cosas necesarias

pequeñez (la)   calidad de pequeño

progenitor   antecesor en línea recta de uno

rasgo   característica notable

raza   grupo de humanos caracterizados por el color u otras condiciones físicas

rodear   estar algo alrededor de una cosa o persona

soberbia   exceso en magnificencia, el creerse mejor que los otros

superdotado   privilegiado en abundancia o en exceso

vicio   mala calidad, defecto moral

II. REPASO GRAMATICAL "AD HOC"

8. El Pretérito Perfecto de Indicativo

Al igual que en inglés, el pretérito perfecto en español expresa una acción completada en el pasado inmediato y que puede continuar y producir sus efectos en el presente. Se forma este tiempo con el presente del verbo auxiliar **haber** y el participio pasivo del verbo de que se trate. Recuérdese que el participio pasivo de los verbos se forma con las terminaciones **ado** para los infinitivos que terminan en **ar**, e **ido** para aquéllos que terminan en **ir** y **er**. Solamente un pequeño número de verbos tienen un participio pasivo irregular.

He estudiado mucho.	**Hemos escapado** de la miseria.
Has escrito una carta.	Vosotros **habéis terminado** la tarea.
Ha tenido oportunidad.	Ustedes **han podido** ver eso.
	Ellos **han trabajado** poco.

A continuación se dan los verbos más comunes que tienen participios pasivos irregulares:

VERBO	PARTICIPIO PASIVO
abrir	abierto
cubrir	cubierto
decir	dicho
descubrir	descubierto
devolver	devuelto
escribir	escrito
hacer	hecho
morir	muerto
poner	puesto
romper	roto
ver	visto
volver	vuelto

Ejercicios

a) Conteste las siguientes preguntas, usando el pretérito perfecto en sus respuestas, de acuerdo con estos modelos:

¿La herencia determina la vida?   Sí, la herencia ha determinado la vida.

¿Conoces la miseria?   Sí, he conocido la miseria.

1. ¿Puede el hombre escapar a la influencia de la herencia?   2. ¿Transmite la herencia estas cualidades?   3. ¿Ejercen los antecesores tanta influencia?   4. ¿Confirman estas excepciones la regla?   5. ¿Vive él en opulencia?   6. ¿Tiene la vida este efecto?   7. ¿Anula la herencia el efecto del medio ambiente?   8. ¿Los rasgos fisonómicos desarrollan el carácter?   9. ¿Soy yo víctima del medio ambiente?   10. ¿Carecen muchos de las cosas necesarias?

b) Cambie las siguientes oraciones al pretérito perfecto:

Modelo: Se escribe mucho del medio ambiente.

Se ha escrito mucho del medio ambiente.

1. El hombre rompe esta influencia.   2. Se descubre más de la herencia.   3. Se hacen experimentos sobre el medio.   4. Abrimos los ojos a la realidad.   5. ¿Qué dices de las características físicas?   6. Esta teoría no muere.   7. Se ve que la herencia no explica todo.   8. La herencia no cubre estos casos.   9. ¿Vuelves a hablar de las excepciones? 10. El medio ambiente pone de manifiesto la realidad.

9. Otro Uso del Verbo HABER : Haber de + Infinitivo

Además de usarse el verbo **haber** como auxiliar en los tiempos compuestos, se usa también para expresar cierta clase de obligación o de probabilidad. En este caso va seguido de la preposición **de** más un verbo en infinitivo.

> **Hemos de referirnos** a estos factores.
> El **habrá de forjar** una nueva personalidad.
> **Has de pensar** en lo que te he dicho.

Ejercicio

Cambie las siguientes oraciones, usando esta forma del verbo **haber**, a los efectos de expresar obligación o probabilidad.

> Modelo : La herencia ejerce una gran influencia.
> La herencia ha de ejercer una gran influencia.

1. El medio ambiente será más importante que la herencia.   2. Una mujer hermosa desarrollará un sentimiento de orgullo.   3. Un rico piensa distinto que un pobre.   4. Las circunstancias producen gran influencia.   5. La mezcla de razas favorece el entendimiento entre los hombres.   6. El complejo de inferioridad anuló su iniciativa.   7. Los progenitores transmitieron sus características físicas.   8. El hombre forja su propia vida. 9. La herencia y el medio ambiente determinarán tu futuro.   10. Su inteligencia dio lugar a que lo envidiaran.

CAPITULO CUARTO

I. TOPICO: VIAJANDO A EUROPA

UN VIAJE A EUROPA EN BARCO

Tal vez una de las experiencias más interesantes que se puede tener en la vida es hacer un viaje a Europa en barco. Estoy en los Estados Unidos, cerca de la costa oriental, y este verano he decidido visitar la península Ibérica, —España y Portugal,— y he escogido como medio de transporte un transatlántico o buque de pasajeros, de los que regularmente hacen esa travesía.

Una vez a bordo de la nave, y después de acomodarme en mi camarote, estaré listo para la gran aventura de atravesar el Atlántico. Voy en seguida a cubierta, para observar las maniobras de desatracar, y aquí disfruto de la primera tarea marinera que resultará interesantísima. ¡Hay que ver esos barquitos, los remolcadores, cómo halan al coloso hasta ponerlo en posición de hacer uso de sus propias máquinas!

Siete días con siete noches, viviendo en una pequeña ciudad

Entrando al avión. Foto cortesía de The Bettmann Archive.

flotante. La experiencia es única. Durante ese tiempo tendré la oportunidad de admirar la magnitud del océano. Apoyado sobre la barandilla de cubierta, pasaré horas enteras contemplando mar y cielo, meditando sobre la grandiosidad de la naturaleza. La vida a bordo es agradable y amena en formas diversas. Las comidas, siempre servidas con abundante vino. Los bailes, los juegos, la piscina de natación, los certámenes que se organizan durante el viaje, las nuevas amistades con personas de distintas nacionalidades. Quizás un romance... bajo un cielo estrellado y a la luz de la luna. ...

Preguntas

1. ¿Por qué cree usted que un viaje a Europa en barco sería una experiencia notable e interesante?
2. ¿Ha hecho usted alguna vez un viaje en barco? En caso afirmativo, relate sus experiencias.
3. ¿Qué puede decirnos usted de la navegación marítima hace 400 o 500 años?
4. ¿Qué ventajas ofrece la navegación marítima?
5. ¿Qué desventajas ofrece la navegación marítima?

UN VIAJE A EUROPA EN AVION

Si te decides ir desde los Estados Unidos a Europa en avión te encontrarás aterrizando, en pocas horas, en uno de los aeropuertos internacionales que existen en las grandes capitales del Viejo Mundo: París, Roma, Madrid, Londres. Una vez a bordo del jet transcontinental (retropropulsor), y después que éste ha despegado de la pista, te hallarás, en pocos minutos, a varios miles de pies sobre la superficie de la tierra.

De inmediato las azafatas, que se encargan del cuidado y confort de los pasajeros, te ofrecerán algo de beber, te traerán revistas para leer, y más tarde te brindarán un suculento almuerzo o una magnífica comida, —según la hora en que te hayas embarcado,— y, por último, quizás podrás ver una película. También, si te toca en suerte un asiento que dé a una de las ventanillas del avión, y que no caiga sobre el ala, podrás disfrutar del maravilloso es-

pectáculo de volar sobre un mar de nubes o, si el cielo está
despejado, ver allá en lo bajo el inmenso océano.

En seis o siete horas, es decir, en un abrir y cerrar de ojos,
habrás arribado, pongamos por caso, al aeropuerto de Barajas, en
las afueras de Madrid, dispuesto a gozar de unas vacaciones muy
bien ganadas, después de dos semestres de intenso estudio en la
universidad. Ese día, tal vez desayunaste en Nueva York, y por la
tarde te encuentras comiendo en uno de los restaurantes de la
capital del país que escogiste para tus vacaciones o descanso.

¿No es algo maravilloso y excitante esta experiencia, que hace
sólo unos cuantos años era casi imposible de realizar?

Preguntas

1. ¿Has viajado alguna vez en avión? En la afirmativa, háblanos de tus experiencias. En caso contrario, ¿te gustaría viajar en avión? ¿Por qué?

2. En tu opinión, ¿cuáles son las ventajas de la navegación aérea?

3. ¿Cuáles son sus desventajas?

4. ¿Qué crees de la aviación del futuro?

5. ¿Te gustaría ser una azafata, o un piloto de aviación? ¿Por qué?

EL VIAJE PERFECTO A EUROPA

¿Cuál es el viaje perfecto a Europa? Disponemos de un mes de
vacaciones, y hemos decidido visitar a España y conocer algo de
esa nación: algunas ciudades y puntos de interés. ¿Vamos en barco
o en avión? ¿Cuál es el mejor medio de transporte para este viaje?
Pues, tal vez, lo ideal sea ir en avión y regresar en barco. De esta
manera gozamos de ambas experiencias, aprovechándonos de las
ventajas que nos brindan estas dos formas de viajar.

Yendo en avión, en pocas horas comenzamos nuestro itinerario.
Es muy posible que esa misma noche nos hallemos paseando por
la Gran Vía, repleta de transeúntes, con sus cafés al aire libre, en
un ambiente cosmopolita, grato y acogedor.

Dispondremos de más de veinte días para visitar y conocer
los lugares que más nos interesan. Compraremos muchas cosas:

ropa, libros, artículos típicos del país, en fin, todo lo que se nos antoje, de acuerdo con nuestra economía.

Finalmente, nos trasladaremos al puerto español de donde saldrá el barco que nos devolverá a los Estados Unidos. Nuestro equipaje habrá aumentado considerablemente, pero eso no nos preocupa; ahora no viajamos en avión sino en barco. Ahora vamos a disfrutar de seis o siete días de navegación que sabremos aprovechar, para luego iniciar de nuevo nuestras tareas habituales.

Preguntas

1. ¿Qué país o países de Europa le gustaría visitar, y por qué?
2. Si usted fuera a España, ¿qué lugares le gustaría conocer?
3. Para usted, ¿cuál sería el viaje perfecto?
4. ¿Qué piensa usted de un viaje por carretera, visitando los países de la América Central y de la América del Sur?
5. ¿Ha viajado usted alguna vez en tren? En caso afirmativo, ¿cómo fue su viaje? En caso negativo, ¿le gustaría hacer tal viaje?
6. ¿Por qué no son tan populares los viajes en tren en los Estados Unidos? ¿Sabe usted si existe la misma situación en otros países?

VOCABULARIO

acogedor grato, hospitalario, ameno
ala expansión lateral de un avión que le da estabilidad en el aire
ameno agradable, simpático
antojarse recibir fuerte deseo de una cosa
aterrizar descender a tierra desde el aire
azafata muchacha que atiende a los pasajeros en un avión
barandilla barrera a los bordes de un barco, para evitar caídas
brindar ofrecer, dar, regalar
camarote (el) cabina o cuarto de un barco, para dormir

certamen (el) competición o celebración en que se dan premios
coloso persona o cosa muy grande
cubierta cada uno de los pisos de un barco, principalmente el superior
desatracar separarse un barco del muelle o puerto
despegar ascender un avión al aire
disponerse prepararse
estrellado lleno de estrellas
halar tirar, mover algo en dirección hacia uno
maniobra operación para dirigir un barco, un tren, u otro vehículo

poner por caso   citar, dar ejemplo
remolcador (el)   barco que se emplea para halar a otro
repleto   lleno
tocar en suerte   tener suerte

transeúnte (el, la)   uno que pasa
por un sitio determinado
trasladarse   ir de un lugar a otro
travesía   viaje por mar o aire

II. REPASO GRAMATICAL "AD HOC"

10.   Uso de POR y PARA en Expresiones de Dirección
o Lugar

Las preposiciones **por** y **para** pueden llevar de objeto el nombre de un lugar o la dirección hacia un lugar, pero con sentido distinto. **Para,** en estos casos, puede equivaler a las preposiciones **a, hacia, en dirección a, rumbo a;** mientras que **por** da más la idea de **en, a través de,** o **vía.**

Caminamos **por** la acera (estamos en la acera).
Caminamos **para** la acera (nos dirigimos hacia la acera).

Ejercicio

Use **por** o **para,** según el caso, en lugar de la preposición dada en negrita:

Modelo :   Camino **hacia** el parque.
Camino **para** el parque.

1. Voy **a** España este verano.   2. No me gusta andar **en** la ciudad de noche.   3. El año que viene vamos a viajar **a través de** España.   4. El barco salió **rumbo al** este.   5. Fueron a Madrid **vía** Toledo.   6. Estaremos **en** Barcelona dentro de tres meses.   7. Si doblas **hacia** la izquierda encontrarás el Museo del Prado.   8. Pero si te diriges **a** la derecha podrás ver el Palacio Real.   9. **Vía** Sevilla es el camino más corto para llegar a Cádiz.   10. Haciendo un recorrido **a través de** Galicia podrás admirar los verdes prados.

11.   Uso del Gerundio en las Formas o Tiempos Progresivos

En español, al igual que en inglés, las formas o tiempos progresivos se forman con el gerundio del verbo principal conjuntamente con el verbo auxiliar **estar,** u otros de equivalente valor, como son **ir, seguir, andar, venir,** etc. Los tiempos progresivos se usan en español para indicar que la acción se produce en forma continua en un momento dado, ya sea presente, pasado o futuro.

Los Pérez **están viajando** por todo el mundo.
El avión **iba volando** a gran altura.
Los turistas **seguirán recorriendo** todo el país.

Ejercicio

Cambie las siguientes oraciones a la forma progresiva, usando como verbo auxiliar el que se indica en paréntesis:

Modelos: Los turistas recorren todo el país (seguir)
Los turistas **siguen recorriendo** todo el país.
El barco surcaba los mares (ir)
El barco **iba surcando** los mares.

1. Nuestro equipaje aumentaba considerablemente. (continuar)   2. Las azafatas atenderán a los pasajeros. (seguir)   3. Los remolcadores halan al transatlántico. (venir)
4. Pedro visitará el Museo del Prado. (estar)   5. Los países suramericanos construyen lentamente la Carretera Panamericana. (ir)   6. Los estudiantes volaron por todo el continente europeo. (andar)   7. Los novios contemplaron el mar y las estrellas durante toda la noche. (estar)   8. Los madrileños disfrutan de las bellezas de la capital española. (seguir)   9. Nuestros amigos pasearán por la Gran Vía. (continuar)   10. El barco entra en el puerto. (ir)

12. Otros Usos del Gerundio

A) CON FUNCION ADVERBIAL

En estos casos el uso del gerundio puede expresar la manera, medio o causa de hacer algo, y también puede expresar las circunstancias o condiciones presentes en el momento en que la acción del verbo principal tiene lugar.

Estando en España me encontré con mi ex-novia (circunstancia)
Siendo americano no necesita visa (condición)
Yendo en avión se viaja más rápido (medio)
Se fracturó una pierna **patinando** en el hielo (causa)
Aprendió el español **viviendo** en México por muchos años (manera)

Ejercicio

Conteste las siguientes preguntas con oración completa:

1. ¿De qué manera se aprende mucho, viajando o leyendo?   2. ¿Cómo se puede ganar mucho dinero, trabajando o jugando?   3. ¿Cómo podemos dominar una lengua,

practicando o teorizando? 4. ¿De qué forma llegaremos más pronto, yendo en tren o viajando en automóvil? 5. ¿En qué circunstancias se produjo el accidente, lloviendo o nevando? 6. ¿Cómo es posible ver mejor el paisaje, caminando o paseando en coche? 7. ¿En qué forma se puede perder una fortuna, jugando o bebiendo? 8. ¿Cómo se puede conocer a Europa con poco dinero, viajando en tren o recorriendo el continente en motocicleta? 9. ¿Cómo se cansa uno más, andando o montando a caballo? 10. ¿Cómo le gustaría a usted pasar el verano, trabajando o descansando?

B) CON VERBOS DE PERCEPCION

También es frecuente el uso del gerundio con ciertos verbos de percepción como **ver, oír, sentir, escuchar, mirar, observar,** etc. Aunque en estos casos también puede usarse el infinitivo, se prefiere el gerundio cuando se le quiere dar mayor fuerza a la acción a que se refiere. Nótese que en estos casos hay dos sujetos: el que percibe y el que realiza la acción indicada por el verbo en gerundio.

Vimos a Pedro **nadando** (nadar) en la piscina.
Miro las estrellas **brillando** (brillar) en el firmamento.
Observó al capitán **dando** (dar) las instrucciones para atracar.

Ejercicio

Diga las siguientes oraciones, cambiando la forma del infinitivo por la del gerundio, a fin de dar mayor fuerza a la descripción de la acción:

1. Escuchamos al guía hablar de las bellezas de Madrid. 2. Vimos a nuestros amigos pasear por la Gran Vía. 3. Pronto veré a los remolcadores halar al coloso del mar. 4. Ayer te oí discutir acerca del calor en Sevilla. 5. Lo vi comer en un restaurante de París. 6. Sentí a los García discutir en su camarote. 7. ¡Mira al avión aterrizar en la pista! 8. Observamos a las azafatas atender a los pasajeros. 9. He visto muchos barcos salir del puerto de Barcelona. 10. ¿Has sentido alguna vez trepidar los motores de un jet?

13. Un Uso de los Pronombres Reflexivos: Formación de los Verbos Reflexivos

Uno de los usos de los pronombres reflexivos es para formar los llamados verbos reflexivos los cuales, generalmente, expresan la idea de que la persona o sujeto que realiza o ejecuta la acción también recibe los efectos de ella, es decir, que el sujeto y el objeto de la frase son la misma persona.

Mis hermanos **se** durmieron en el avión.
Anoche **me** acosté muy tarde.
Y tú, ¿**te** levantaste temprano hoy?
¿Dónde quiere usted sentar**se**?

Ejercicios

a) Cambie estas oraciones del singular al plural:

> Modelo: Y tú, ¿**te vas** también?
> Y ustedes, ¿**se van** también?

1. Me encontraré allí en pocas horas.   2. El se apoyó sobre la barandilla.   3. ¿Cuándo quieres levantarte?   4. Me acostaré tarde.   5. Se aprovechará de estas vacaciones. 6. El joven está paseándose en cubierta.   7. No te das cuenta de lo que pasa.   8. La azafata se preocupará de todo.   9. Te verás volando a 600 millas por hora.   10. Ella se viste de turista.

b) Cambie las siguientes oraciones usando como auxiliar el verbo **ir**:

> Modelo: **Me** acuesto ahora.
> **Voy a acostarme** ahora (o) **Me voy a acostar** ahora.

1. El se levanta.   2. Ustedes se marchan.   3. Te encuentras en España.   4. Nos vemos allí en dos horas.   5. ¿Cuándo se retiran?

c) Ahora cambie a la forma progresiva las siguientes oraciones:

> Modelo: **Me** aprovecho de todo.
> **Estoy aprovechándome** de todo (o) **Me estoy aprovechando** de todo.

1. Se pasean en cubierta.   2. ¿Te diviertes?   3. Las azafatas se encargan de todo.   4. Nos cansamos de tanta actividad.   5. Me preparo ahora.

d) Cambie estas oraciones usando como auxiliar el verbo **querer**:

> Modelo: **Me** acuesto.
> **Quiero acostarme** (o) **Me quiero acostar**.

1. ¿Te vas?   2. Ellos se lavan las manos.   3. Juan se compró una guitarra.   4. Me encargo del equipaje.   5. Nos levantamos tarde.

e) Con estas oraciones use como auxiliar el verbo **poder**:

> Modelo: No **me** voy en barco.
> No **puedo irme** en barco (o) No **me puedo ir** en barco.

1. No me veo en España este verano.   2. Ellos no se lavan ahora.   3. El no se compró nada.   4. ¿Por qué no te quitas la corbata?   5. No nos encontramos allí hoy.

f) Cambie estas oraciones usando como auxiliar el verbo **gustar**:

> Modelo: **Me** levanto tarde.
> **Me gusta levantarme** tarde.

1. Se acuesta tarde.   2. Se pasean todo el día.   3. Te crees importante.   4. Se sientan en el sol.   5. No nos cansamos en cubierta.

g) Conteste oralmente las siguientes preguntas, con oración completa:

1. ¿A qué hora te levantas los lunes? ¿Y los domingos?   2. ¿A qué hora te acostaste anoche?   3. ¿Te lavas la cara antes de vestirte, o después?   4. ¿Te duermes en clase algunas veces?   5. ¿Te diviertes en clase? Y tus amigos, ¿se divierten también?   6. ¿Te casas este año?   7. ¿Se cansa usted después de trabajar mucho?   8. ¿Con quién te encuentras en la clase de español?   9. ¿A qué hora se marchan de esta clase?   10. ¿Te vas a España este verano?

CAPITULO QUINTO

I. TOPICO: LOS GOBIERNOS

GOBIERNO DE DERECHA

Toda sociedad debidamente organizada en estado de derecho necesita un gobierno que la dirija y represente y que, asimismo sea un poder compulsorio, moderador, garantizador y vigilante, tanto de los derechos como de las obligaciones que a cada uno de sus componentes les han sido dados.

Clases de gobiernos hay muchas. Gobiernos democráticos, autocráticos, liberales, conservadores, despóticos, tiranos, de izquierda, de derecha, etc.

Hablemos, por ejemplo, de un gobierno de derecha. Característica esencial de esta clase de gobierno será una política encaminada a proteger los intereses de las clases económicas representativas de los capitales, como son las grandes empresas mercantiles, comerciales, industriales y agrícolas. Monopolios,

El Kremlin. Foto cortesía de George J. Demko.

precios altos, restricción de la competencia, resistencia a la incrementación de los salarios de los trabajadores y otras reivindicaciones para los mismos, pondrán de manifiesto que los gobernantes son realmente representantes de grupos minoritarios cuyo objetivo es ejercer un control en las decisiones gubernamentales a favor de sus intereses. Estos gobiernos de derecha, en general, no son bien vistos por las clases populares, principalmente en aquellos países donde el nivel de vida es bajo y la clase pobre es la preponderante.

Ha habido en la historia reciente muchos ejemplos de estos gobiernos de derecha. En Alemania vimos el de Adolfo Hitler, mientras al mismo tiempo, más al sur, en Italia, Mussolini y sus camisas negras imponían su dominio sobre el país. En estos dos casos extremos estos dictadores llegaron al poder por razones económicas, políticas y sociales, apoyados por un partido fanático y pequeños grupos que veían en ellos una perfecta oportunidad para mejorarse a sí mismos. En la América Latina se han visto también en cantidad estos gobiernos de derecha que, en algunos casos, lograron iniciar reformas notables y progreso económico, pero que en pocos años cayeron en excesos que pusieron fin a estos regímenes.

Preguntas

1. ¿Qué entiende usted por un gobierno de derecha?
2. ¿Simpatiza usted con los gobiernos de derecha? Explique su criterio.
3. ¿Cree usted que es esencial para una nación que se le dé protección al capital?
4. ¿Considera usted que el gobierno de Hitler fue un gobierno de derecha?
5. ¿Ha habido en los Estados Unidos gobiernos de derecha? En la afirmativa, ¿cuál o cuáles, en su opinión?

GOBIERNO DE IZQUIERDA

Comunmente se entiende como un gobierno de izquierda aquél que tiende y dirige su acción a la protección de las clases populares o más bajas de un país o nación. Por regla general esta clase de gobierno confronta una fuerte oposición por parte de las clases más ricas, ya que ellas son afectadas por las medidas de control sobre sus empresas y negocios, puestas en práctica por los gobernantes con la intención de mejorar las condiciones de trabajo de los obreros.

Las huelgas, las demandas de reivindicaciones sociales, los conflictos raciales, —donde existe discriminación,— se producen casi a diario en estos regímenes que, a menudo, caen en situaciones críticas y que, las más de las veces, terminan en un derrocamiento, por la fuerza, del gobierno, al menos en aquellos países donde el concepto de una verdadera democracia no está muy bien definido, provocando la intervención de los militares que, de ordinario, apoyan las minorías representativas del capital y de las grandes empresas.

Entre estos gobiernos de izquierda los hay moderados y los hay extremadamente radicales. Estos últimos a menudo desembocan en un socialismo, del cual no hay más que un paso para caer en un régimen comunista que, en definitiva, subvierte los valores fundamentales de una democracia, constituyéndose en una dictadura, lo mismo que le sucede a los gobiernos de extrema derecha cuando igualmente desembocan en dictaduras; lo que pone de manifiesto ese principio por todos conocido de que "los extremos se tocan".

Preguntas

1. ¿Qué entiende usted por un gobierno de izquierda?
2. ¿Es usted izquierdista, o simpatiza con los gobiernos de izquierda?
3. ¿Qué cree usted del derecho de huelga de los trabajadores?
4. ¿Cuál es su opinión sobre la intervención de la fuerza pública (policía, guardia nacional, ejército, etc.) en los problemas sociales?
5. ¿Estima usted que los trabajadores deberían tener una participación en las utilidades de las empresas?
6. ¿Qué cree usted del socialismo y del comunismo?
7. ¿Es Rusia un estado socialista o comunista?
8. ¿Cree usted que hay distinción entre socialismo y comunismo?

EL GOBIERNO PERFECTO O IDEAL

Es un gobierno que no sea ni de derecha ni de izquierda, es decir, un gobierno equidistante de ambos extremos. El gobierno ideal o perfecto sería aquél que garantizara a todos sus gobernados los derechos fundamentales contenidos en la Constitución, sin distinción ni privilegios para nadie, y que al mismo tiempo vigilara y exigiera el cumplimiento de todos los deberes a que vienen obligados todos sus componentes.

El gobierno perfecto o ideal es aquél que trate, por los medios legales, económicos y culturales que tenga disponibles, de mejorar las condiciones de vida de sus ciudadanos, de corregir las deficiencias que se encuentren, de resolver los conflictos que se presenten, buscando siempre una solución justa y razonable. Un gobierno ideal sería aquél que no reconociera privilegios para nadie, que brindara a todos sus ciudadanos iguales oportunidades, que propendiera al desarrollo cultural, social y económico de todos, ofreciendo los medios para que cada cual, de acuerdo con sus aptitudes y vocaciones, pudiera desarrollar al máximo sus dones y habilidades, sin distinción de raza, sexo ni nacionalidad.

El gobierno perfecto o ideal habrá de ser aquél que logre un justo equilibrio entre el capital y el trabajo. Al capital, facilitándole los medios para su desarrollo, siempre con vista a un fin de bienestar social y colectivo. Al trabajo, garantizándole su retribución adecuada, protegiéndolo en sus distintas formas de aportación, velando por el mejoramiento de las condiciones laborales. Un gobierno perfecto o ideal será aquél en el cual los gobernantes están conscientes de su alta responsabilidad, anteponiendo los sagrados intereses que representan por encima de cualquier interés particular o sectario, —gobernantes que vengan a servir y no a ser servidos, gobernantes que vengan con el propósito de enriquecer a la nación y no de enriquecerse ellos mismos.

El gobierno ideal o perfecto es aquél que es elegido por la voluntad mayoritaria de sus ciudadanos, a fin de que los gobernantes elegidos representen a esa mayoría, sin olvidar los derechos y aspiraciones legítimos de las minorías, a las que igualmente han de representar, porque, en definitiva, un gobierno ideal debe gobernar para todos y no para un sector, aunque éste sea mayoría.

En fin, un gobierno "del pueblo, para el pueblo y por el pueblo", como magistralmente condensara en esas pocas palabras el genio extraordinario de Lincoln, pero bien entendido que "pueblo" es la totalidad de los componentes de una nación o país, sin excepciones: hombres, mujeres y niños; gobernantes y gobernados; obreros, campesinos y profesionales; industriales, comerciantes y empresarios; civiles y militares; negros, blancos, amarillos y rojos.

Preguntas

1. ¿Cuál es su concepto de un gobierno ideal o perfecto?
2. ¿Cree usted en la democracia? Explique su criterio.
3. ¿Conoce usted alguna nación en el mundo que goce de un gobierno perfecto o ideal, o que al menos se acerque a esa perfección o ideal?
4. ¿Podría usted nombrar dos o tres derechos o libertades que considera fundamentales para el ciudadano?
5. ¿Qué considera usted más importante: el capital o el trabajo? Explíquese.
6. ¿Qué opinión tiene usted del gobierno de los Estados Unidos?

VOCABULARIO

afectar   hacer impresión en otro
a fin de cuentas   después de todo
anteponer   poner antes, preceder
aportación (la)   contribución
apoyar   ayudar, favorecer
asimismo   del mismo modo, también
bienestar (el)   estado de vivir bien
brindar   dar, ofrecer
capital (el)   dinero, bienes
ciudadano   uno que tiene derechos y responsabilidades en un estado o ciudad
componente (el)   parte
cumplimiento   acción de cumplir o terminar
derecho   ley, razón
derrocamiento   derrota, pérdida, destrucción, caída
desembocar   terminar
dictadura   gobierno del dictador
disponible   a su disposición o uso
don (el)   talento o habilidad especial que tiene uno

ejercer   practicar
empresa   corporación mercantil, industrial o comercial; compañía
empresario   el que dirige una empresa
encaminar   poner en camino
enriquecer   hacer rico
exigir   demandar, requerir
garantizar   asegurar, dar garantía
huelga   cesación en el trabajo por los obreros
incremento   aumento, acrecentamiento
magistralmente   perfectamente
medida   medio, disposición
obrero   trabajador
poner de manifiesto   enseñar, exhibir, mostrar
propender   inclinarse uno a una cosa por algún motivo
reivindicación   acción de recuperar u obtener lo que le pertenece
sagrado   dedicado a Dios o al culto

divino	**tender** (**ie**) tener inclinación a
subvertir (**ie**, **i**) destruir en un	cierta cosa
sentido moral	**velar** guardar, cuidar

II. REPASO GRAMATICAL "AD HOC"

*14. Las Preposiciones POR y PARA con Personas
como Objeto de las Mismas*

Las dos preposiciones **por** y **para** se usan con personas como objeto de las mismas, pero con distintos significados. **Por,** en este caso, da a entender que su objeto fue la causa o el motivo de la acción: **El gobierno es *por* el pueblo.** Esta frase quiere decir que el gobierno existe gracias a o por el pueblo; es decir, que el pueblo causa o impulsa al gobierno.

Por otra parte, **para** indica que su objeto recibe el efecto o el resultado de la acción: **El gobierno es *para* el pueblo.** Aquí entendemos que el gobierno beneficia al pueblo, que el pueblo recibe los efectos, beneficios o privilegios del gobierno.

Con **por** buscamos la causa, el principio, el motivo, el impulso; mientras que **para** anticipa la destinación, el fin, el objetivo de la acción.

> Esta pintura es **por** Dalí. (Dalí la pintó.)
> Esta pintura es **para** mi madre. (Mi madre va a recibirla.)
> Los derechistas tienen poderío **por** los excesos de los izquierdistas. (Los excesos de los izquierdistas causaron la situación.)
> Un gobierno malo gobierna **para** unos grupos de intereses especiales. (Estos grupos reciben los beneficios del gobierno.)

Ejercicio

Complete las siguientes oraciones con **por** o **para**, según convenga:

1. Algunas reformas favorecen a las empresas, pero éstas son _____ los obreros. 2. ¿Quién hizo esta ley? Creo que fue hecha _____ el Presidente. 3. El país sufre _____ lo que hicieron los comunistas. 4. La huelga cerró las minas. Muchas industrias sentirán los efectos producidos _____ esta huelga. 5. El Rey mandó que todos asistieran a la ceremonia. Aunque no querían, todos vinieron _____ el Rey. 6. Era un político muy atractivo y con buenas ideas. Creía en él, y voté _____ él. 7. El Presidente vio la necesidad de ayudar a los comerciantes e inició reformas _____ ellos. (Los comerciantes se beneficiaron.) 8. El Primer Ministro firmó el indulto _____ la presión de los obreros. 9. El Senado quería complacer al país y terminar la guerra. De ahí que la mayoría votara _____ que el presidente diera la orden de cesar el fuego. 10.

Los dictadores, tarde o temprano, son derrocados del poder _____ los hombres amantes de la libertad.

Ejercicio Especial

Los gobiernos y los gobernantes. Hay muchos términos o denominaciones para los distintos sistemas y categorías de gobiernos y los gobernantes que los forman. Veamos si con la ayuda del profesor podemos conocer algunos de estos términos o denominaciones:

1. En general, el que gobierna es un *gobernante.* Si su gobierno es un *reino,* él es un_____ ; su esposa es una _____ ; los hijos son _____ y las hijas son _____. También a los reinos se les conoce con el nombre de *monarquía,* y entonces al rey también se le puede llamar _____. 2. En la lista de la *aristocracia* hay muchos _____ o nobles. Un _____ ejerce dominio sobre un *condado*; un _____ domina en su *ducado;* un _____ gobierna en su *baronía*; un _____ rige su *marquesado.* En España un noble de menos importancia es un *hidalgo.* 3. Si no se habla de la nobleza o de un reino, el gobierno puede ser de tipo democrático, es decir, una *democracia.* El líder de ésta se llama _____, porque preside su nación. 4. En Inglaterra el *Primer Ministro* gobierna o dirige al país. El que está al frente del *Ministerio de Educación* se llama _____ de Educación. *El Ministro del Trabajo* tiene a su cargo el _____ del Trabajo. 5. Hay diferentes nombres para las *Casas* o *Cámaras Legislativas.* En muchos países existen los llamados *Congresos,* generalmente compuestos por un *Senado* y una *Casa* o *Cámara de Representantes.* En general, los miembros del *Congreso* se llaman _____. En particular, los que componen el *Senado* son los _____, y los que integran la *Cámara de Representantes* son los _____. 6. En Inglaterra tenemos el *Parlamento,* compuesto por la *Cámara de los Lores* y la *Cámara de los Comunes.* En general, los miembros del *Parlamento* son los _____. 7. Un *imperio* se gobierna por un _____. En las *dictaduras* gobiernan los _____, que algunas veces se llaman *caudillos.* 8. En las tribus de indios, particularmente en los Estados Unidos, el líder supremo se conoce con el nombre de _____. 9. Hay partidos políticos en la mayor parte de los países. En los Estados Unidos tenemos los *republicanos* y los *demócratas.* Vemos en estos nombres la forma de gobierno que estimamos mucho: la _____ y la _____. 10. Claro que uno que cree en el *comunismo* es _____, mientras que el que es partidario del *socialismo* es _____. Uno que quiere cambiar el sistema actual inmediatamente es un _____. Si quiere un cambio más ordenado y lento es un _____, y su filosofía se llama el *liberalismo.* Si quiere cambiar poco y conservar el sistema actual es un _____, y su sistema es el *conservadurismo.* A veces puede llamarse un *moderado.* 11. El que reacciona contra el progreso se llama _____. Los de derecha son _____, y los de izquierda son _____. Los que no dependen o no están afiliados a ningún partido son los _____. 12. Hay algunos que creen en la *anarquía*; estos son _____. 13. Las *repúblicas* suelen estar divididas en *estados* o en *provincias.* México está dividido en estados. España y Francia, por ejemplo, están divididas en provincias. El gobernante máximo de un estado se le conoce con el nombre de _____. En las provincias también el gobernante que las representa es el _____. 14. Las ciudades están dirigidas, generalmente, por el _____. En muchas ciudades existe una casa legislativa local, y los miembros de ella se llaman _____. 15. Los *militaristas* prefieren un sistema _____.

PRIMER JUEGO

I. ¿QUIEN SOY?

Anoche, cuatro jóvenes estaban charlando sobre diversos tópicos, inclusive el futuro, los estudios y los héroes. Pedro, un muchacho muy serio, iba a decirles a los otros quien era el que él admiraba más en la historia, pero en el momento en que se disponía a identificar a su héroe, Enrique, el payaso del grupo, le interrumpió diciéndole que era Hitler. Claro que estaba equivocado, pero los otros siguieron el juego; Manolo dijo que era George Washington y Pepe dijo que era Lincoln. Como ninguno de los tres adivinó la identidad del personaje, casi espontáneamente empezaron a hacerle preguntas a Pedro. Las preguntas hechas eran como las siguientes:

1. ¿Es usted hombre?   *Sí.*
2. ¿Vive usted?   *No.*
3. ¿Murió usted en este siglo?   *No.*
4. ¿Murió el siglo pasado?   *Sí.*
5. ¿Era usted americano?   *No.*
6. ¿Europeo?   *Sí.*

7. ¿Era usted artista? *No.*
8. ¿Se metió usted en la política? *Sí.*
9. ¿Era usted famoso en la vida militar? *Sí.*
10. ¿También era usted un escritor famoso? *No.*
11. ¿Murió en batalla? *No.*
12. ¿Era usted un emperador, rey o primer ministro? *Sí.*
13. ¿Era usted de padres ricos? *No muy ricos.*
14. ¿Nació usted en el siglo XIX? *No.*
15. ¿Era usted inglés? *No.*
16. ¿Era usted italiano? *En cierto sentido, sí.*
17. ¿Nació usted en Francia? *No.*
18. ¿Era usted de baja estatura? *Sí.*
19. ¿Era usted emperador de Francia? *Sí.*
20. ¡Ah! Entonces, usted es Napoleón. *Sí.*

Como pueden apreciar, las preguntas han sido del tipo que tienen que contestarse con sí o no. No traten de averiguar el nombre con la primera pregunta; es mucho más lógico tratar de enterarse de algunos hechos, y poco a poco localizar al individuo.

Para llevar a efecto este juego, la clase puede dividirse en grupos de cinco o seis estudiantes, de modo que uno en cada grupo puede ser el seleccionador y otro el árbitro. Los tres o cuatro restantes deben hacerle preguntas, siendo ellos los adivinadores. El seleccionador debe contestarlas lo mejor que pueda con la ayuda del árbitro, quien puede resolver cuestiones de duda. El que adivine la identidad será el nuevo seleccionador, quien nombrará un nuevo árbitro, continuando así otro turno. En caso de que los adivinadores se den por vencidos porque no pueden adivinar, el seleccionador tomará otro turno hasta que los otros adivinen. Todos deben estar listos para dar tres o cuatro turnos, es decir, haber seleccionado a tres o cuatro personajes conocidos.

Algunas Sugerencias para el Juego ¿Quién Soy?

A los efectos de facilitar la selección de personajes famosos, se ofrece a continuación una lista de algunas de las distintas actividades, profesiones o posiciones que han podido desarrollar en su vida los miles de personas que han pasado a la historia, o que viven en la actualidad y ya han adquirido fama nacional o internacional:

presidentes	políticos	soldados
reyes, reinas	dictadores	primer ministros
emperadores, emperatrices	artistas	pintores

escritores	poetas	dramaturgos
novelistas	escultores	inventores
científicos	arquitectos	revolucionarios
actores, actrices	futbolistas	beisbolistas
cantantes	compositores	personajes de ficción
estrellas de televisión	músicos	idealistas
criminales famosos	filósofos	millonarios
hombres de negocio	profetas	estrellas del cine

II. REPASO GRAMATICAL "AD HOC"

15. El Verbo SER y Sus Usos

El verbo **ser** es, tal vez, el más fundamental de los verbos, porque indica la existencia, o falta de ella, de una persona o cosa.

1. Identidad o identificación

El verbo **ser** identifica o nombra a una persona o cosa:

¿Quién **es**? Creo que **es** Ernesto Mares.
¿Quién **fue** el general que tomó El Alamo?
Fue Santa Anna, no Porfirio Díaz.
¿Qué **es** esto? **Es** una discusión sobre la religión.

2. Definición

Para definir a una persona o una cosa se usa el verbo **ser:**

¿Qué **es** un gato? **Es** un animal doméstico, o un instrumento muy útil
   para cambiar la llanta de un automóvil.
¿Quién **fue** Porfirio Díaz? El **fue** dictador de México de 1876–1910.

3. Características naturales o inherentes

Para describir una característica o propiedad que es natural, no accidental, de una persona o cosa, se usa el verbo **ser:**

a) Característica física:

Napoleón **era** bajo.
La ciudad de Madrid **es** grande y bonita.
Sus ojos **son** azules.

b) Característica intelectual:

Juárez **era** muy astuto.
Somos inteligentes pero no lo entendemos.

c) Característica de temperamento o emoción:

Ella **es** muy callada; casi nunca habla.
Los tigres **son** feroces, pero el que yo vi **era** manso.

d) Adjetivos de religión, nacionalidad:

Somos católicos, pero **éramos** protestantes.
¿Eres cubano o puertorriqueño?

4. SER indica origen o material:

Napoleón **era** de Córsica, no de Francia.
¿Es Francisco Franco de Madrid?
Aunque la radio parece **ser** de madera, **es** de un plástico bonito.

5. El verbo SER denota posesión:

¿De quién **es** esta botella de vino?
Creo que **es** mía, la otra **es** tuya.

6. Para decir la hora se usa el verbo SER:

¿Qué hora **será**?
Serán las dos, o tal vez **es** la una y media.

7. El verbo SER expresa donde tiene lugar una acción:

¿Dónde **fue** la gran derrota de Napoleón?
¿Sería en España? No, creo que **fue** en Waterloo.

Ejercicio

Conteste, con oración completa, las siguientes preguntas:

1. ¿Es usted americano? 2. ¿De qué país son sus padres? 3. ¿Cómo es usted físicamente? 4. ¿Cómo son los latinos en temperamento? 5. ¿Cómo será el futuro de
este país, bueno o malo? 6. ¿Qué hora es? ¿Qué hora era anoche cuando te dor-
miste? 7. ¿Qué día es hoy? 8. ¿Es usted socialista, demócrata o republicano?
9. ¿Era Lincoln conservador o liberal? 10. ¿Quién es el Primer Ministro de Inglaterra?
¿Es conservador? 11. ¿De dónde era Che Guevara? 12. ¿De qué material es este
libro? 13. ¿De qué es tu casa, de madera o de ladrillo? 14. ¿Ha sido usted muy
estudioso este año? 15. ¿Qué es un perro? y, ¿una banana? 16. ¿Cómo es el
gobierno de Cuba hoy? 17. ¿Dónde fue la última gran batalla de la Segunda Guerra
Mundial? 18. ¿Qué es la filosofía, un arte o una ciencia? 19. ¿Es rico o pobre
Rockefeller? 20. ¿Han sido fáciles estas preguntas?

CAPITULO SEXTO

I. TOPICO: LA MUSICA

¿QUE ES LA MUSICA?

Podríamos afirmar que la música es el lenguaje universal de la humanidad. No importa si tú eres americano, español, alemán, japonés o de cualquiera otra nacionalidad; cuando escuchas una pieza u obra musical podrás gozarla e interpretarla, porque a través de ella serás capaz de experimentar las emociones y los sentimientos más disímiles: alegría, tristeza, amor, odio, miedo, ansiedad, valor, nostalgia. . . .

La música nos puede traer toda clase de recuerdos. Con frecuencia enlazamos o relacionamos los grandes o importantes momentos de nuestra vida con alguna pieza o trozo musical. Una canción, una melodía, nos trae tal o cual recuerdo. A todos nos gusta la música. No creemos que exista una sola persona en el mundo que diga que no le agrada la música, ya sea de una clase o de otra.

Manuel de Falla. Foto cortesía de The Bettmann Archive.

Los instrumentos musicales son los que nos proporcionan el deleite y el gozo de escuchar música y, afortunadamente, la naturaleza nos dotó de la voz, con la cual también podemos producir música. Es la voz humana, pues, el instrumento musical más natural.

Hablando de instrumentos musicales, podemos dividirlos en tres grandes clases: de cuerdas, de aire y de percusión. Entre los de cuerdas podemos nombrar la guitarra, el violín, el arpa, el piano y el ukelele. De los instrumentos de aire los más populares son el cornetín, la trompeta, la flauta, el trombón y el saxofón. Y entre los de percusión son muy conocidos el tambor, los platillos, la marimba, las castañuelas y la pandereta.

Las siete notas de la escala musical se conocen en español con los nombres de: Do, Re, Mi, Fa, Sol, La, Si. ¿Sabes tú tocar algún instrumento musical? ¿Te gusta cantar, producir con tu voz melodías musicales?

Preguntas

1. ¿Por qué se dice que la música es un "lenguaje"? ¿Qué idea tienes de la música?
2. ¿Te gusta la música de otras naciones y culturas? ¿Cuál es tu favorita?
3. ¿Qué instrumento musical te gusta más, y por qué?
4. ¿Sabes tocar algún instrumento musical? ¿Cuál?
5. Si tú cantas en el baño, ¿por qué lo haces?
6. ¿Crees que la técnica y la teoría de la música es difícil de entender?

LA MUSICA "ROCK"

Acabo de asistir a un concierto de los Cleveland Ramblers, y te digo a tí, amigo, que fue una experiencia indescriptible. Más de diez mil almas nos reunimos en aquel auditorium presenciando algo más que unas cuantas horas de música. Esto fue una extraordinaria experiencia que lo elevó a uno fuera de sí, compartiendo con los músicos y los otros en la audiencia un sentido de profunda emoción y felicidad.

Con sus guitarras y cantos los Ramblers expresaron lo que sentían en el alma, lo que nosotros sentíamos allí sentados,

escuchando, porque era como si ellos estuvieran diciendo precisamente lo que queríamos decir: que nosotros somos la nueva
generación que quiere cambiar todo lo malo que se ha considerado
normal por no sé cuantas generaciones: guerra, odio, explotación,
pobreza, falta de libertad.

A los que me dicen que la nueva música no es más que un
ruido ensordecedor les diría que no la entienden ni nos entienden
a nosotros los jóvenes. No ven que esta música es más que un
pasatiempo, es más bien una expresión de nuestros deseos de
mejorar las cosas. No siguiendo las formas aceptadas por la música
tradicional, decimos, en efecto, que no queremos seguir las normas
ya gastadas de nuestros mayores; queremos más, mucho más.

Pero además de este carácter profundo, la música "rock" de
hoy tiene un rasgo muy humano. En los discos de cantantes de
esta extraordinaria música "rock" oímos de la alegría y la tristeza,
del odio y el amor, de lo gentil y lo brutal, de lo trágico y lo
cómico. Pero... ¿no es la vida así? ¿No abarca todo esto? Pues
éste es otro de los grandes objetivos de la música de hoy; le
decimos cómo es la vida, para que vivamos más y gocemos más
de lo que hay. Pero basta de palabras, experimentémosla, pongamos unos discos y verás lo que mis pobres palabras no han
podido explicarte.

Preguntas

1. ¿Has ido a un concierto recientemente? ¿De qué tipo era: rock, sinfónico?
2. ¿Cuál fue tu reacción a la música que oíste?
3. ¿Crees que la música "rock" de hoy es más profunda o significativa que la música popular de antes como la "rock and roll"?
4. ¿Es fácil entender la letra de las canciones "rock" de hoy? ¿Cómo la interpretas?
5. ¿Cuál es tu conjunto o artista favorito de la música "rock"?

LA MUSICA SINFONICA

Refinamiento, gracia, perfección de forma, expresión del
genio. Estas son las marcas de la gran música sinfónica. Tenemos
que admirar y apreciar las grandes sinfonías de Beethoven, de
Mahler, de Tchaikovsky, de Wagner. Primero, por su belleza, y

segundo, por su genio. ¡Qué sensación oír la delicadeza, la fuerza, la complejidad, la sencillez, la alegría, la tristeza, de las composiciones sinfónicas. Todos los extremos emocionales aparecen en ellas, los frutos de unos de los genios más productivos y fértiles del mundo. La persona culta tiene que gozar de la prodigiosidad de estos compositores, porque se da cuenta de que en estas piezas escucha la cumbre de este gran arte, el arte de producir música.

Por el oído podemos apreciar las obras maestras musicales, imaginándonos las horas incontables de trabajo furioso e incansable que dedicaron los maestros a su labor, no contentándose con lo mediocre, sino con lo más perfecto. Esto, como bien sabemos, manda que el artista se dedique completamente a su arte, que lo sepa y lo conozca bien y, por fin, que se sacrifique por él.

Los compositores son perfeccionistas, y sus obras reflejan su ansia por la perfección. ¿Que esta música es fría, dicen? ¡Cómo puede ser fría si hablamos de una total dedicación a un arte! ¿Fría? No. La pasión de estos hombres no podía ser fría, sino que tenía que ser una pasión ardiente, arrebatadora. Por eso ellos nos transmiten en su música prodigiosa ese ardor y ese arrebato que pusieron en ella. Tal vez, para aquéllos que, desafortunadamente, carecen de un espíritu sensitivo y agudo pudiera ser fría la música clásica sinfónica, pero indudablemente que para ellos no se escribieron las maravillosas obras musicales productos del genio de un Beethoven o un Wagner.

Preguntas

1. ¿Crees que la música sinfónica es superior a las otras formas?

2. ¿Por qué tú crees que, en general, se considera que la música sinfónica tiene más valor estético que la popular?

3. ¿Quién es el compositor que te gusta más? ¿Cuál es tu sinfonía favorita?

4. ¿Es necesario saber algo de la teoría de la música para gozar de la música clásica?

5. ¿Piensas que a la música clásica le falta emoción?

6. Se dice que los grandes compositores han sido genios de la música. ¿Crees que es mejor decir que ellos se sacrificaron por su arte, o que se dedicaron a él?

VOCABULARIO

abarcar contener
agradar gustar, complacer
ansia deseo fuerte
ardiente que arde, fervoroso, eficaz
ardor (**el**) calor grande, valentía, ansia, aplicación
arrebatador violento, furioso
arrebato furor, éxtasis
a través de por medio de, por
castañuelas (véase vocabulario español-inglés)
conjunto musical grupo o banda de músicos
contentarse satisfacerse
cuerda hilo fino que se usa en instrumentos como la guitarra y el violín
culto que tiene cultura
cumbre (**la**) pico, cima o parte más alta de una montaña
deleite (**el**) placer
disímil diferente
dotar dar a uno la naturaleza cierta cualidad
enlazar coger, unir
experimentar probar, examinar
explotación obtener, sacar, extraer lo bueno de una cosa
gastar consumir
genio el que tiene facilidad para crear o inventar

gozar sentir placer o gusto
gozo placer, gusto, acción de gustar
incansable incapaz de cansarse, que no se cansa
incontable que no puede contarse
letra conjunto de palabras que constituyen la canción
odio lo opuesto de amor; aversión
pandereta (véase vocabulario español-inglés)
pasatiempo entretenimiento, diversión
pieza musical composición musical; canción
platillos (véase vocabulario español-inglés)
presenciar estar presente y ver un evento o hecho
prodigioso sobrenatural, maravilloso, extraordinario
proporcionar dar; poner a disposición de uno alguna cosa
rasgo característica, indicación
relacionar hacer relación
ruido sonido inarticulado y confuso
sencillez (**la**) simplicidad
trozo musical parte, porción de una pieza musical
unas cuantas algunas, unas pocas

II. REPASO GRAMATICAL "AD HOC"

16. El Subjuntivo en Expresiones de Voluntad

En las cláusulas subordinadas que van precedidas por verbos de voluntad y que, generalmente, expresan un mandato u orden implícito o indirecto, es de uso general el subjuntivo. Los verbos de voluntad más comunes en estos casos son: **querer, desear, insistir, demandar, esperar, exigir, mandar, ordenar, pedir, preferir, ansiar, empeñarse,** etc.

> Tu padre quiere que **aprendas** música.
> Deseo que **oigas** a Beethoven.
> Insistimos en que María **toque** el violín.
> El director demandó que **practicáramos** esa pieza.
> Todos esperaban que **hubiéramos** venido al concierto.

Sin embargo, después de algunos de estos verbos, como **mandar, dejar, permitir, prohibir, impedir** y **ordenar,** se puede también usar el infinitivo.

> El director me **ordenó prestar** atención. (que prestara)
> Tu esposa te **prohibió tocar** el piano. (que tocaras)
> Nos han **permitido ir** al concierto. (que vayamos)

Si no hay cambio de sujeto en la cláusula subordinada, no hay orden o mandato y, por lo tanto, no se emplea el subjuntivo sino el infinitivo.

> Quiero **tocar** el saxofón.
> Preferimos **escuchar** la música "rock".

La expresión **ojalá,** muy común en el diario hablar, expresa el deseo, ansia, o aspiración de quien la emplea. Se puede usar con la conjunción **que** o sin ella, y siempre va seguida de una cláusula con verbo en el subjuntivo.

> Ojalá (que) él **hubiera** practicado más.
> Ojalá (que) **tengamos** tiempo para ir al concierto.

Ejercicios

a) Combine las siguientes ideas, de manera que se forme una oración en la que aparezca una cláusula de voluntad seguida de una subordinada:

> Modelo: Vamos al concierto—Mi padre quiere.
> Mi padre quiere que vayamos al concierto.

1. Toqué el saxofón—El maestro me pidió.   2. Ellos estudian música—La escuela exige.
3. Gozamos del concierto—Los músicos esperan.   4. Oyes música latina—Prefiero.
5. Los compositores son perfeccionistas—El público insiste en.   6. El artista se dedica

a su arte–Todos queremos.   7. Beethoven se sacrificó por sus sinfonías–Los empresarios demandaban.   8. El pianista conocía bien la melodía–Deseábamos.   9. La sinfonía resultó un éxito–El compositor ansiaba.   10. La banda tocó como nunca–El director se empeñó en.

b) Conteste las siguientes preguntas, usando como clave la idea dada en paréntesis:

    Modelo: ¿Por qué estudias música? (Mis padres exigen.)
    Porque mis padres exigen que estudie música.

1. ¿Por qué no vas al concierto? (Mi novia no quiere.)   2. ¿Por qué tocas la guitarra? (El profesor se empeña en.)   3. ¿Por qué practicas el cornetín? (El contrato exige.)   4. ¿Por qué tienen los músicos un oído muy sensitivo? (La música demanda.)   5. ¿Por qué repitió el pianista la pieza musical? (El público pidió.)

c) Combine las ideas siguientes de manera que se forme una oración en la que aparezca la cláusula de voluntad seguida de otra subordinada, que puede ser con verbo en el infinitivo o en el subjuntivo (exprese las dos formas):

    Modelo: Tocar las marimbas–Todos me prohiben.
    Todos me prohiben tocar las marimbas. (o)
    Todos me prohiben que toque las marimbas.

1. Asistir al festival de música–Mis ocupaciones no me dejan.   2. Dar el concierto de "rock"–La policía les prohibió.   3. No tocar más música popular–El profesor te ordenó.   4. Dedicarte por entero a ella–El estudio de la música exige.   5. Expresar nuestras emociones–La música nos permite.

d) Cambie las siguientes oraciones, usando la expresión **ojalá** a fin de indicar deseo, ansia, aspiración:

    Modelo: El guitarrista toca otra vez.
    Ojalá que el guitarrista toque otra vez.

1. Ese cantante triunfa.   2. El público canta con los músicos.   3. Te gusta la música "rock".   4. Puedes ir al concierto.   5. No cuesta mucho el piano.   6. Va mucho público a los conciertos.   7. Los músicos repiten esa pieza.   8. José Feliciano canta mañana.   9. No suspenden el concierto.   10. No llueve esta noche.

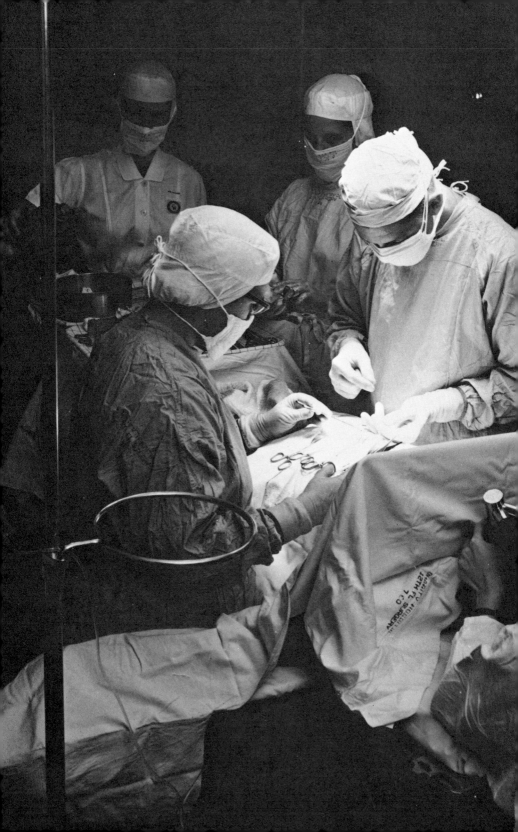

CAPITULO SEPTIMO

I. TOPICO: UN CASO DE EMERGENCIA

EL MEDICO DEBE OPERAR

Estamos en la sala de emergencias de un hospital cualquiera. De repente se oye el sonido de una sirena y luego aparece una ambulancia. Las puertas se abren y los encargados descargan una camilla donde se ve tendido un niño de unos diez u once años. Lo encontraron desmayado de dolor en la calle, sufriendo un ataque de apendicitis.

El médico de guardia ordena que lo lleven a la sala de operaciones para intervenirlo quirúrgicamente. Pero en camino a la sala de operaciones una enfermera mira al muchacho y lo reconoce como el hijo de los señores Fulano, miembros de una estricta secta religiosa cuyas doctrinas prohiben toda intervención médica, hasta la aspirina. Para ellos Dios es la única cura. Es la primera vez que el médico se encuentra en esta situación, en este

Una operación. Foto cortesía de The Bettman Archive.

dilema. Si notifican a los padres es posible que el niño muera. Si operan, el hospital y el médico podrían verse acusados. ¿Qué hacer?

En este caso no hay más que pensar. El derecho del niño de vivir trasciende cualquier otro derecho y consideración. ¿Qué ley es más natural y trascendente que la de conservar la vida? El muchacho, bajo estas circunstancias, no podría contestar, pero no hay duda que querría vivir, y él tiene este derecho natural de vivir. ¿Pueden los padres negárselo? No, porque es igual que matarlo, y ningún padre tiene el derecho de matar. Ningún estado o persona puede decirle a otro que tiene que morir, a menos que por algún crimen serio merezca la ejecución oficial de la pena de muerte. Las creencias de los padres interfieren con los derechos naturales del niño, y en este caso son inferiores a ellos. No niego que los padres tienen el derecho de seguir su conciencia, pero en este caso una creencia personal niega a otro un derecho más fundamental.

También el médico tiene su propia responsabilidad de salvar la vida. Esto juró cuando se hizo médico. El tiene que hacer todo lo posible por salvar una vida, y en el supuesto que estamos contemplando, bien sabe que el niño morirá sin su ayuda.

Siendo pragmatista yo diría que debe operar y luego llamar a los padres, diciéndoles que el caso era tan grave que no había otra alternativa sino operar para salvarle la vida, sin que, por otra parte, supieran quienes eran los padres.

Preguntas

1. ¿Cree usted que existe algún otro derecho más importante o esencial que el derecho a la vida?

2. En el caso expuesto, ¿el médico ha actuado correctamente, operando al muchacho?

3. ¿Existe, en efecto, alguna religión o creencia que impida el uso de drogas o medicinas, o intervención médica, para la cura y atención de las personas enfermas?

4. En el caso que nos ocupa, ¿debe tener éxito una reclamación judicial de los padres contra el médico que salvó la vida del niño?

5. Y, si por circunstancias especiales, el niño muere a consecuencia de la operación, ¿cuál sería la situación del médico?

EL MEDICO NO DEBE OPERAR

Aunque a veces sea triste y hasta trágico, hay ciertos derechos en la vida que no se pueden negar, no importa las consecuencias. Uno de éstos es el de los padres a decidir sobre sus hijos menores.

En nuestra sociedad, es la familia el núcleo más básico, la base de nuestra civilización, y en los asuntos familiares son los padres los que deciden para la familia. Como bien sabemos, somos débiles, ignorantes, y aun crueles, pero en el palacio más lujoso o en la barraca más pobre, ningún otro puede mandarnos en nuestro hogar. Ni el estado, ni la iglesia, ni un dictador, ni un abogado, ni un médico, por sabios que sean. El padre es rey en su casa, y en la triste emergencia a que nos hemos referido en el tema anterior, es el padre el que tiene la responsabilidad para con sus hijos. A veces va a decidir mal, pero nadie le puede negar el derecho de seguir su conciencia, aun cuando esté equivocado. En este caso, el médico si no llama a los padres está invadiendo la casa de los Fulano, quitándoles o asumiendo derechos que no son suyos.

¿Podríamos permitir que alguien entrara en nuestra casa y que nos dijera que no le gusta como criamos a nuestros hijos, o que no debiéramos haber comprado tales muebles porque no son tan buenos, o que tuviéramos que mirar cierto programa de televisión? Claro que no, porque tenemos la libertad de criar a nuestros hijos como queramos o comprar los muebles que nos gusten, aunque no sean tan buenos, o mirar el programa de televisión que nos agrade.

En cualquier aspecto de la vida siempre hay alguien que sabe más que nosotros, pero al final somos nosotros los que decidimos para nosotros mismos, sea la decisión buena o mala. Si nos equivocamos tenemos que sufrir las consecuencias.

En el caso que estamos estudiando tal vez se equivoquen los padres por sus creencias religiosas, pero tenemos que darles el derecho de hacer lo que crean justo y apropiado.

Preguntas

1. Si usted fuera médico, en un caso como el expuesto, ¿llamaría a los padres del niño y pediría permiso para operar? Y si los padres no dan el permiso, ¿que haría usted?

2. ¿Piensa usted que el derecho de familia de los padres sea tan amplio que le permita decidir sobre la vida o la muerte de sus hijos?

3. ¿Conoce usted algún caso real, similar al expuesto en este tópico? En la afirmativa, ¿cómo se resolvió?

4. ¿Está usted de acuerdo en que los padres decidan, en absoluto, la conducta y las acciones de sus hijos menores?

5. ¿Qué método o sistema es el mejor para gobernar o dirigir la familia? ¿Debe hacerse la voluntad del padre, sin discusión? ¿Tienen los hijos derecho a discutir con sus padres los asuntos familiares?

VOCABULARIO

agradar gustar

a menos que excepto

barraca casa pobre o humilde

camilla cama ligera y móvil para transportar enfermos de un lugar a otro

cirugía arte de curar enfermedades por medio de operaciones

débil de poca fuerza, no fuerte

de repente inmediatamente, sin aviso

descargar quitar la carga

desmayarse perder la conciencia o el sentido

encargado (el) alguien que tiene que hacer algún deber o responsabilidad

equivocarse cometer error

estar de guardia esperar alguna emergencia o peligro

expuesto explicado, manifestado

impedir (i) interferir, ponerle obstáculos a uno

lujoso rico, acomodado

médico de guardia el primero que atiende los casos de emergencia

quirúrgico relativo a la cirugía

supuesto (el) caso hipotético

tender (ie) extender

trascendente lo que traspasa los límites

trascender (ie) traspasar los límites de cierta cuestión

II. REPASO GRAMATICAL "AD HOC"

17. Los Pronombres Indeterminados o Indefinidos
ALGUIEN y NADIE

Estos dos pronombres pueden ser sujetos u objetos de verbos, y también objetos de preposiciones.

Alguien se refiere a una persona indeterminada o indefinida, y su uso implica que la acción es de carácter afirmativo o positivo. **Nadie** tiene un sentido negativo e implica, por lo tanto, que la acción verbal no se lleva a efecto. Estos pronombres solamente se usan en singular, y son de tercera persona.

> **Alguien** trajo al niño al hospital. (sujeto de verbo)
> **Nadie** puede cambiar las creencias religiosas. (sujeto de verbo)
> Vieron a **alguien** en el hospital. (objeto de verbo)
> Hoy no operaron a **nadie** de apendicitis. (objeto de verbo)
> El médico discutió con **alguien** el problema. (objeto de preposición)
> No pude hablar con **nadie**. (objeto de preposición)

Es común en español, en los casos del uso de **nadie** como pronombre sujeto, el empleo del vocablo **no** para enfatizar el sentido negativo de la acción, anteponiendo en este caso el verbo al pronombre.

> **Nadie** puede cambiar las creencias religiosas.
> **Nadie** quiso ver al médico.

> **No** puede **nadie** cambiar las creencias religiosas.
> **No** quiso **nadie** ver al médico.

Ejercicios

a) Cambie los sujetos nominales o pronominales de las siguientes oraciones, usando los pronombres **alguien** o **nadie,** según la oración sea afirmativa o negativa:

> Modelo: **La enfermera** llamó al médico.
> **Alguien** llamó al médico.

1. **El niño** sufrió un ataque de apendicitis. 2. **El padre** no permitió que hablaran del asunto. 3. **La enfermera** reconoció al muchacho. 4. **Los padres** tienen el derecho de decidir. 5. No puedo creer que **el niño** muriera en la operación. 6. **Nosotros** debemos decírselo. 7. **[Nosotros]** no sabíamos quienes eran los padres. 8. En este caso, **el médico** no debe operar. 9. **El Estado** no tiene el derecho de matar. 10. **El abogado** debe defender al médico que operó.

b) Cambie los nombres o pronombres objetos de verbos u objetos de preposiciones usados en las siguientes oraciones por los indefinidos **alguien** o **nadie,** según el caso requiera :

Modelos : Ví a **Tomás** en la sala de emergencias.
Vi a **alguien** en la sala de emergencias.

El médico no operó **al enfermo.**
El médico no operó a **nadie.**

1. ¿Le diría usted eso **al director del hospital?** 2. El médico quiere ver a **la enfermera.** 3. El Estado no puede negarles a **sus súbditos** el derecho a la vida. 4. El cirujano no debe consultar con **los padres.** 5. La enfermera no llamó **al padre.** 6. El hospital notificó el caso a **la policía.** 7. Esa religión tiene doctrinas que no le gustan a **usted.** 8, ¿Quieres que le digamos a **Pedro** cómo debe criar a sus hijos? 9. El médico está invadiendo la casa de **los Fulano.** 10. No tengo el derecho de criticar a **la enfermera.**

18. Los Indefinidos ALGUNO y NINGUNO

Estos dos vocablos tienen función adjetival o pronominal. Pueden referirse a personas o cosas indefinidas o indeterminadas.

Como adjetivos concuerdan en género y número con el nombre que modifican, y cuando se usan anteponiéndolos a un nombre masculino singular pierden la vocal final **o.** Regularmente estos adjetivos se usan anteponiéndolos al nombre.

¿Tiene usted **algún** derecho que reclamar?
No tengo **ningún** derecho que reclamar.
Algunas preguntas son difíciles de contestar.
No respondió **ninguna** pregunta.

Como pronombres, pueden ser sujetos u objetos del verbo, y su género dependerá del antecedente nominal a que se refieran. **Alguno** puede tomar la forma plural, aunque **ninguno,** por ser un negativo, generalmente se usa en singular.

¿Vinieron hoy **las enfermeras** a trabajar? (antecedente)
Algunas vinieron. (pronombre sujeto)
Ninguna vino. (o) No vino **ninguna.** (pronombre sujeto)
¿Has visto a **los pacientes** hoy? (antecedente)
He visto a **algunos.** (pronombre objeto)
No he visto a **ninguno.** (o) A **ninguno** he visto. (pronombre objeto)

Ya se ha dicho que el vocablo **ninguno** es negativo; da la idea de no existencia, por lo que regularmente se usa en la forma singular, con el nombre también en singular cuando **ninguno** tiene función adjetival. Sólo en casos poco frecuentes se usa en plural. Por ejemplo: *No tengo **ningunas** ganas*. Tampoco se usa **ninguno** en preguntas, a no ser que se espere una respuesta negativa: *¿No le queda **ninguna** pregunta que hacer? ¿**Ninguno** de los médicos quiere operar?*

Ejercicios

a) Cambie las siguientes oraciones, haciendo uso de **alguno** o **ninguno** como adjetivos según el caso, manteniendo el sentido afirmativo o negativo de la oración, de acuerdo con los modelos:

Las religiones son buenas.   **Algunas** religiones son buenas.
La religión no es mala.   **Ninguna** religión es mala. (o)
                             No es mala **ninguna** religión.

1. **Ciertos** derechos de la vida son inviolables.   2. **Las** sociedades no son perfectas. 3. **Muchos** padres son ignorantes y crueles.   4. **El** Estado no debe decidir por nosotros.   5. **La** enfermera no puede sustituir al médico.   6. **Los** hospitales tienen pocos médicos y enfermeras.   7. **Todas** las creencias religiosas son buenas.   8. **Pocas** enfermedades son mortales.   9. **Las** leyes no pueden interferir con la educación de los hijos.   10. **Una** creencia personal no debe decidir este caso.

b) Conteste las siguientes preguntas, (1) negativamente, con adjetivo; (2) negativamente, con pronombre; y (3) afirmativamente, con pronombre; de acuerdo con el modelo:

Pregunta: ¿Algunos médicos son malos?

Respuesta (1): No, **ningún** médico es malo.   (adjetivo)
Respuesta (2): No, **ninguno** es malo.   (pronombre)
Respuesta (3): Sí, **algunos** son malos.   (pronombre)

1. ¿Son difíciles de resolver algunas situaciones?   2. ¿Algunos padres tienen derechos sobre la vida de sus hijos?   3. ¿Algún derecho es más importante que el derecho de vivir?   4. ¿Deben algunos gobiernos intervenir en estos casos?   5. ¿Pueden algunas enfermeras sustituir al médico?   6. ¿Vinieron algunas enfermeras?   7. ¿Algunas personas creen que el médico no debió operar?   8. ¿Son muy rápidas algunas ambulancias?

19. Los Indefinidos ALGO y NADA

Algo y **nada** tienen funciones de pronombres o de adverbios. Como pronombres, pueden ser sujetos u objetos de verbos. Como adverbios, generalmente modifican un adjetivo. **Algo** es afirmativo, mientras que

nada es negativo. Ambos vocablos dan una idea indefinida o indeterminada, y sólo se usan en singular.

> **Algo** está sucediendo en el hospital.   (pronombre sujeto)
> **Nada** tiene importancia.   (pronombre sujeto)
> ¿Tiene usted **algo** para mí?   (pronombre objeto)
> No tengo **nada** para usted.   (pronombre objeto)
> La operación fue **algo** complicada.   (adverbio)
> El médico actuó en forma **nada** científica.   (adverbio)

Ejercicios

a) Conteste en forma afirmativa, y luego negativamente, las siguientes preguntas:

1. ¿Se puede hacer algo por salvarle la vida? 2. ¿No haría usted nada antes de llamar al hospital? 3. ¿Tiene usted algo que decir en este caso? 4. ¿Sirve para algo que uno sea pragmatista? 5. ¿En este mundo algo vale la pena? 6. ¿Nada pudo decir el médico, después que el paciente murió? 7. ¿Hay algo mejor que salvar una vida? 8 ¿Quieres darme algo de comer? 9. ¿Está pasando algo en la sala de operaciones? 10. ¿Nada pudo hacer el abogado para defender al médico?

b) Modifique las siguientes oraciones, añadiendo los adverbios **algo** o **nada**, a su conveniencia:

> Modelo: El niño está mejor.
> El niño está **algo** mejor.
> El niño no está **nada** mejor.

1. Los padres están equivocados. 2. Esa religión es antigua. 3. La enfermera tiene una responsabilidad grande. 4. Eso no es importante. 5. El hospital tiene un salón de emergencia moderno. 6. La ambulancia llegó tarde. 7. Esa ambulancia no es moderna. 8. El médico está nervioso. 9. Este caso de emergencia ha sido difícil. 10. El otro caso no fue fácil.

20.   Uso de los Adverbios ALGUNA VEZ, NUNCA y JAMAS

Estos vocablos son adverbios. **Alguna vez** y su forma plural **algunas veces** son afirmativos; **nunca** y **jamás** son negativos, y prácticamente sinónimos.

Alguna vez se usa, regularmente, para preguntar acerca de la realización de una acción. Al responderse la pregunta en sentido afirmativo no debe repetirse o usarse esa expresión en su forma singular, aunque sí es posible usar su forma plural. Si la respuesta fuera negativa podrá usarse **nunca** o **jamás**. **Nunca** o **jamás** pueden también usarse para formular preguntas, cuando la respuesta que se espera es también negativa: *¿Nunca ha estado usted en Nueva York? ¿Jamás ha visto un accidente?*

Pregunta: ¿Ha estado usted **alguna vez** en California?

Posibles respuestas afirmativas: Sí, he estado en California varias veces.

Sí, he estado en California solamente una vez.

Sí, he estado en California **algunas** veces.

Sí, he estado en California dos veces.

Respuestas negativas: No, **nunca** he estado en California.

No, **jamás** he estado en California.

No, no he estado **nunca** en California.

No, no he estado **jamás** en California.

Ejercicio

Conteste en forma afirmativa, y después negativamente, las siguientes preguntas:

1. ¿Nunca ha visto usted una operación de apendicitis? 2. ¿Han visitado sus padres alguna vez la Clínica de los Mayo? 3. ¿Ha ingresado usted alguna vez en un hospital? 4. ¿Hemos pensado alguna vez renunciar a nuestros derechos? 5. ¿Ha viajado usted alguna vez en una ambulancia? 6. ¿Le ha dicho alguien alguna vez cómo debe criar a sus hijos? 7. ¿Nunca ha oído usted hablar de esa secta religiosa? 8. ¿Jamás ha criticado su padre a alguien por sus creencias religiosas? 9. ¿Ha tenido usted alguna vez un problema de conciencia? 10. ¿Has presenciado alguna vez un accidente?

CAPITULO OCTAVO

I. TOPICO: EL AÑO 2050

PERSPECTIVA OPTIMISTA

Un estudiante de una universidad del este de los Estados Unidos acaba de terminar su última clase del día, y se apresta a pasar sus vacaciones de Semana Santa con sus padres, que viven en una ciudad de la costa del Pacífico. Sale para el aeropuerto local más cercano, y allí aborda un pequeño avión-cohete, de propulsión atómica, piloteado por control remoto, con capacidad para quinientos pasajeros, y que media hora más tarde aterrizará en una de las varias estaciones de la ciudad a donde se dirige. Partió de Baltimore a las 4:00 P.M., y ha arribado a San Francisco a la 1:30 de esa misma tarde. Maravilloso ¿eh? Pues esto no es nada. Viajar a cualquier parte del planeta Tierra no tomará más de una hora. Un viaje de más preparación será ir a Marte o a Venus, donde el hombre ha establecido colonias y ha comenzado

Feria mundial de Montreal. Foto cortesía de Monkmeyer Press.

a poblar estos planetas, que carecen de seres vivientes con raciocinio humano.

En nuestro planeta, la tierra, existe ahora una confederación
de estados mundiales, con un gobierno central en la ciudad de
Nueva York, compuesto por representantes de las cinco federaciones que integran la tierra: América, Europa, Asia, Africa y
Australia.

El fantasma de la guerra ha desaparecido. Reina la paz
entre los hombres. Ya hace años que se logró exterminar el mons-
truo del cáncer. La vida se ha prolongado hasta los 125 años,
como promedio. Se ha descubierto en la luna (que es un cuerpo
muerto) una sustancia que ha hecho posible esta prolongación
de la vida humana. ¡Paradojas!

La energía nuclear domina al mundo. La automatización
rige casi toda la actividad del hombre. Se trabaja dos días a la
semana y se descansan cinco, aparte de tres meses de vacaciones
que se disfrutan durante el año. Los "hippies" desaparecieron,
pues ya al hombre apenas le sale pelo en la cabeza y en la cara.
Sin embargo, aún no hemos podido librarnos del catarro ni de
los poetas.

Preguntas

1. ¿Tienes una idea optimista del futuro? ¿Por qué?
2. ¿Qué nuevos inventos te imaginas?
3. ¿Qué crees de la conquista de otros mundos por el hombre?
4. ¿Esperas que algún día se logre exterminar el cáncer? Explica tu opinión.
5. ¿Estimas posible la prolongación de la vida, digamos hasta los 150 años?
   Explícate.
6. ¿Qué crees de la posibilidad de trabajar solamente dos días a la semana y
   descansar cinco?

PERSPECTIVA PESIMISTA

Todavía podrían encontrarse en las que fueron impenetrables
selvas de la región amazónica, en pequeñas porciones de la tierra
calcinada, restos aún humeantes de la conflagración que arrasó

con la civilización y que casi termina por completo con la especie humana.

Cincuenta años antes, en el 2000, sin que se conozca con certeza cómo se inició, estallaron potentes bombas de hidrógeno en las principales ciudades del mundo: Nueva York, Londres, Moscú, París, Roma, Madrid, Río de Janeiro, Ciudad México, Tokio, Hong Kong, y cientos de ciudades más fueron arrasadas, muriendo todos sus habitantes.

Se produjo una reacción en cadena que envolvió toda la periferia de la tierra, y las radiaciones llegaron a los más apartados rincones del planeta, que se convirtió en una hoguera casi total. Desapareció casi por completo la vida animal y vegetal y, asimismo, el género humano. Y decimos casi por completo porque por designios, misterios o fuerzas omnipotentes, dos o tres pequeños núcleos de humanos lograron sobrevivir, conjuntamente con algunos animales y plantas, a este cataclismo.

En lugares casi inaccesibles de las altas montañas de los Andes, del Tibet y de Alaska, un grupo reducido de naturales de esas regiones, que el día trágico se encontraban en sus quehaceres habituales, oyeron y vieron con espanto indescriptible como se elevaban al infinito los gigantescos hongos, y corriendo despavoridos se refugiaron, con sus mujeres y niños, en cuevas y cavernas cercanas. Más de tres días estuvieron agazapados en lo más profundo de estas cuevas, sin ingerir alimento alguno y sin atreverse a salir al exterior. Esto fue lo que los salvó, salvándose así la humanidad.

Hoy, en el 2050, la tierra aún conserva un aspecto desolador, trágico, de muerte casi, —aunque ya en algunas regiones del globo comienza a aparecer una rudimentaria vida vegetal, y pequeños animalillos se ven correr, de vez en vez, de una a otra roca, mientras que los hombres sobrevivientes de la catástrofe, e ignorantes inclusive de lo que realmente sucedió, prosiguen su vida rudimentaria y natural, que prácticamente era la que habían conocido siempre.

¿Volverá otra vez el hombre a alcanzar un grado de civilización semejante al que existía antes del cataclismo? Es casi seguro. En los millones de años de vida de la tierra, ¿quién puede asegurar que algo parecido no haya sucedido anteriormente?

Preguntas

1. ¿Tienes una idea pesimista del futuro? ¿Por qué?
2. ¿Qué peligros adviertes en el momento presente y auguras para el futuro?
3. ¿Crees que se acabe la civilización y vuelva el hombre a su vida primitiva?
4. ¿Estimas posible que desaparezca el género humano? Explícate.
5. ¿Podría evitarse la catástrofe? Explica tu razón.

VOCABULARIO

agazaparse encoger el cuerpo o ponerse detrás de algo para ocultarse

apenas casi no, por poco no

aprestarse hacer lo necesario para iniciar algo

arrasar arruinar, destruir

aterrizar descender a tierra

augurar adivinar, pronosticar

calcinar reducir la materia a polvo o ceniza por medio del calor

catarro resfriado, enfermedad común y ligera

componer formar una unidad de partes

conjuntamente unidamente, al mismo tiempo

designio plan, pensamiento

desolador destruido, devastado, arruinado

despavorido aterrorizado

divisar ver, percibir

embarcar salir de un lugar en un vehículo

espanto terror, miedo

estallar empezar u ocurrir violentamente

hoguera materia combustible que encendida levanta llama o fuego

hongo (véase vocabulario español-inglés)

humeante que arroja humo, forma gaseosa de combustión incompleta

ingerir (ie, i) introducir algo en otra cosa, beber, tomar

integrar componer, formar algo de partes

lograr alcanzar, obtener

paradoja contradicción, dos extremos

periferia circunferencia

poblar (ue) fundar un pueblo o una población

promedio punto medio

quehacer ocupación, deber

raciocinio razonamiento

reacción en cadena una serie de acciones empezada por una

regir (i) mandar, gobernar, dirigir

reinar regir, gobernar un reino

rincón ángulo, el punto donde se encuentran dos paredes

sobrevivir vivir uno después de la muerte de otro u otros

sustancia, substancia jugo o cosa que se extrae de otra materia

viviente que vive, que existe

II. REPASO GRAMATICAL "AD HOC"

21. Uso del Subjuntivo con la Conjunción SIN QUE

En las cláusulas subordinadas introducidas por la conjunción **sin que,** se usa siempre el subjuntivo, ya que indica una acción negativa, es decir, una acción que nunca se lleva a efecto.

> Estalló una guerra, **sin que** se **conozca** como se inició.
> El joven partió de Baltimore **sin que** su familia lo **supiera.**
> Los indios se agazaparon **sin que** se **atrevieran** a salir.

Ejercicios

a) Forme oraciones combinando las dos ideas dadas y uniéndolas a través del uso de la conjunción **sin que :**

> Modelo : Los indios vieron los hongos–No sabían lo que pasaba.
>   Los indios vieron los hongos sin que supieran lo que pasaba.

1. Los fuegos devastaron la tierra–No quedó ningún ser viviente. 2. Los científicos siguen sus investigaciones–No pueden eliminar el cáncer. 3. Han descubierto una sustancia en la luna–No conocen su composición. 4. El hombre viaja más–No tiene que gastar mucho dinero. 5. La energía nuclear domina–No existe peligro para la humanidad.

b) Cambie las siguientes oraciones al tiempo pasado, según el modelo :

> El **partirá** de aquí sin que nadie lo **sepa.**
> El **partió** de aquí sin que nadie lo **supiera.**

1. **Estallará** una guerra sin que lo **sepamos.** 2. Las ciudades **serán** arrasadas sin que nadie **sobreviva.** 3. **Existe** una confederación de estados sin que ninguno de ellos **predomine.** 4. Los "hippies" **desaparecen** sin que lo **notemos.** 5. La energía nuclear **domina** sin que **estalle** una guerra. 6. El avión-cohete **vuela** sin que nadie lo **pilotee.** 7. La vida se **prolonga** sin que se **extermine** el cáncer. 8. Se **produce** una reacción en cadena sin que nadie **pueda** evitarla. 9. **Sucederá** una catástrofe sin que se **conozca** su origen. 10. **Será** fácil viajar sin que se **pierda** mucho tiempo.

22. Uso de la Voz Activa con Forma Verbal Reflexiva,
en vez de la Voz Pasiva

La voz pasiva, en español, no se usa con tanta amplitud como en inglés. En los casos de uso de la voz pasiva en inglés, en que el agente de la acción no se expresa y el sujeto es una cosa, como por ejemplo en la oración *A substance has been discovered in the moon,* se prefiere en español el uso de la voz activa con forma verbal reflexiva. Obviamente, en estos casos, siendo el sujeto una cosa, singular o plural, siempre se usará la tercera persona, a la que corresponde el pronombre reflexivo **se**. Peculiaridad de esta contrucción es que regularmente el sujeto se expresa después de la forma verbal. La oración inglesa dada como ejemplo en voz pasiva se diría en español:

Se ha descubierto una sustancia en la luna.   (en vez de)
Una sustancia ha sido descubierta en la luna.

He aquí dos ejemplos más sobre este punto:

En español no diríamos : *Una reacción en cadena será producida.*
sino que diremos : *Se producirá una reacción en cadena.*
Tampoco diríamos : *Unos gigantescos hongos fueron elevados.*
sino que diremos : *Se elevaron unos gigantescos hongos.*

Ejercicios

a) Teniendo en cuenta lo anterior, cambie a la voz activa, forma verbal reflexiva, las siguientes oraciones que, regularmente, no usaríamos en esta voz pasiva :

1. Colonias en los planetas han sido establecidas.   2. La vida ha sido prolongada. 3. Una federación fue establecida.   4. Dos días a la semana son trabajados.   5. Cinco días a la semana serán descansados.   6. Todas las enfermedades serán exterminadas. 7. El planeta fue convertido en una hoguera casi total.   8. La humanidad fue salvada. 9. Potentes bombas de hidrógeno fueron estalladas.   10. Tres meses de vacaciones son disfrutados.

b) Cambie las siguientes oraciones del singular al plural, o viceversa, según el caso :

Modelos : Se produjo una catástrofe.
Se produjeron unas catástrofes.
Se formarán unas federaciones.
Se formará una federación.

1. Se exterminarán los monstruos del cáncer.   2. Se poblarán los planetas.   3 Se ha establecido una colonia en la luna.   4. Se arrasaron las ciudades.   5. Se vio el hongo.   6. Se arrojaron bombas de hidrógeno.   7. Se prolongarán las vidas hasta los 125 años.   8. Se pilotea el avión por control remoto.   9. No se convertirá la ciudad en una hoguera.   10. No se oyeron las bombas atómicas.

CAPITULO NOVENO

I. TOPICO: LA PENA DE MUERTE

ES NECESARIA

El derecho más fundamental de todo ser viviente es el de conservar y continuar su vida o existencia; de ahí que pueda tomar cualquier remedio o acción en su propia defensa. Nadie duda que un individuo puede salir en su propia defensa en caso de ser atacado. La vida nos lo exige, porque sólo con este instinto primordial ella se perpetúa.

La sociedad también tiene su vida y el instinto que la hace continuar. La pena de muerte es parte de esto; es un principio básico que muchas sociedades han adoptado para la defensa de sus miembros. La pena de muerte es, sobre todo, un castigo por un ataque personal a uno de sus componentes.

También se debe considerar el sistema de valores que tenemos. ¿Qué vale una vida? ¿Cinco años de encarcelamiento? ¿Diez años?

Silla eléctrica. Foto cortesía de The Bettmann Archive.

Si uno ha tomado la vida de otro, ¿no debe ser castigado? Si el castigo es de diez años, de quince años, ¿no decimos que, en realidad, la vida del difunto valía diez años de encarcelamiento del matador? Una vida vale una vida. El que se la quita a otro debe tener la suya quitada también. Sí, la antigua ley de "ojo por ojo, diente por diente" es legítima.

Llámelo venganza o no, para mí es el castigo justo para uno que se ha querido imponer a la ley. Con el acto de terminar con la vida de su hermano, ha dicho, en efecto, que para él las leyes de la sociedad no valen nada, y algo más grave, que la vida es algo que se puede tomar cuando se quiera. Bueno, si la vida tiene tan poco valor para él, afirmemos nosotros su gloria, diciéndole al homicida que la vida que él tomó tiene que ser pagada con un precio alto. Este precio no puede ser otro que el de su misma vida. Sólo así damos su propio valor. Una sentencia ligera sería igual que decirle a la víctima que su vida no valía nada.

Preguntas

1. Si usted está de acuerdo con la pena de muerte, dé sus razones.
2. En todos los casos en que una persona quita la vida a otra, ¿debe aplicarse la pena de muerte?
3. ¿Cuáles son los factores o elementos necesarios en un homicidio? ¿Un homicidio premeditado merece la pena de muerte?
4. ¿Existe la pena de muerte en los Estados Unidos? ¿Cómo se aplica?
5. ¿Debe aplicarse la pena de muerte en los casos de asesinatos, genocidios, traición a la patria?
6. ¿Debe aplicarse la pena de muerte a los que cometen crímenes pasionales?
7. ¿Recuerda usted algún caso famoso en que se aplicó la pena de muerte?
8. Si usted fuera gobernador de un estado donde existe la pena capital, ¿haría uso del derecho de suspender la ejecución?
9. ¿Qué interpretación le da usted a la sentencia bíblica: "ojo por ojo, diente por diente"?
10. ¿Qué clase o forma de ejecución es menos inhumana: silla eléctrica, cámara de gas, ahorcamiento, fusilamiento?

ES INJUSTA E INUTIL

Uno de los vestigios más antiguos de las civilizaciones primitivas es el de la pena de muerte. Aún se conserva en muchas sociedades modernas, pero poco a poco las más civilizadas ven la contradicción inherente en tal ley: la de decir que la vida es sagrada, mientras el Estado se la toma a uno. ¿Cómo podemos mantener tal estupidez en nuestra sociedad, sabiendo que ni evita más homicidios ni nos hace estimar más nuestra preciosa existencia?

Sí, es verdad que el acto de matar a un semejante es tan repugnante que en realidad no hay nada peor en la vida, pero ¿desde cuándo se puede justificar una matanza por otra? Si la primera fue tan mala, ¿cómo puede ser la segunda buena? Si se estima la vida tanto, ¿cómo se puede quitar la de un ser humano, aunque éste sea un miembro menos meritorio? Hable usted con alguien que haya sido testigo de una ejecución por el Estado y pregúntele si se sintió protegido o más civilizado, o si se sintió en la presencia de un acto sagrado. La matanza de cualquiera que sea, del hombre más noble o del tipo más cruel, no tiene gloria alguna.

Desde otro punto de vista, bien se sabe que un homicidio es, por lo general, un crimen de pasión, mientras que la pena de muerte es deliberada y bien pensada. Los actos de pasión son irrazonables y nunca podrán ser controlados por una ley. No hay ninguna reflexión en tal acto, y por eso la pena capital no va a evitarlo. De ahí que, en realidad, no logra su objetivo de reducir los homicidios, siendo más un sentido de justificación y venganza para la sociedad.

Si Dios nos dio la vida, ¿cómo podemos nosotros quitársela a otro? Claro que no podemos. Ya es hora de que actuemos más como seres razonables y compasivos, en vez de actuar como animales brutales.

Preguntas

1. Si usted no es partidario de la pena de muerte, explique sus razones.
2. ¿Cree usted que no debe haber excepción alguna a la prohibición de la pena capital? Razone su respuesta.

3. ¿Cree usted que la pena de muerte, en alguna forma, disminuye la realización de crímenes contra la vida?

4. ¿Sabe usted de algunos países donde no existe la pena capital? ¿Cuál ha sido el resultado de esta medida? ¿Han disminuído o, por el contrario, han aumentado los crímenes contra la vida?

5. ¿Qué medidas deben tomarse en relación con el individuo que ha cometido asesinatos en distintas ocasiones, y que no ha sido condenado a la pena de muerte por estar ésta prohibida?

6. ¿Cree usted en la rehabilitación de los criminales?

7. ¿Cree usted que la sociedad debe eliminar físicamente a sus miembros que son completamente nocivos a ella?

VOCABULARIO

abolir   derogar, eliminar

ahorcamiento   quitarle la vida a uno colgándolo del cuello

anciana   vieja, mujer de muchos años

cámara de gas   sala donde se ejecuta al criminal por medio del gas

campaña   todas las acciones que se pueden aplicar para lograr un fin

cargos   acusaciones

castigo   pena que se impone al que ha cometido una falta o crimen

conmutar   cambiar una cosa por otra

cuchillada   ataque o herida por un cuchillo o una espada

de ahí que   consecuentemente, lógicamente

difunto   el muerto, el que murió

ejecución (**la**)   acto legal por el cual se le quita la vida a uno, ajusticiamiento

encarcelamiento   acción o efecto de estar en la cárcel o en prisión

esposas   pulseras de hierro para sujetar las manos de los presos

evitar   apartar o escapar de un peligro o un daño

fiscal (**el**)   abogado representante del estado o de la sociedad

fusilamiento   acción de ejecutar a alguien por arma de fuego

fusilar   ejecutar por tiros o disparos de armas de fuego

homicida   persona que causa la muerte a otro, ilegalmente

homicidio   acto de matar a otro en contra de la ley

imponerse   ser superior sobre otros

matanza   acción de matar

medida   medio

nocivo   malo, perjudicial, ofensivo

patria   país o nación donde uno nace

primordial   primero, fundamental

principio   fundamento

reo   persona acusada de algún crimen

sagrado   dedicado a la religión o a lo divino

semejante   prójimo, vecino

traición (**la**)   deslealtad, infidelidad

traidor   el que comete traición

venganza satisfacción que toma
uno de un daño recibido

vestigio señal, signo, o indicación
que queda de alguna cosa o suceso
viviente que vive, vivo

II. REPASO GRAMATICAL "AD HOC"

23. *Pronombres Objetos de Verbos*

Los pronombres objetos de verbos son aquellos pronombres que, como su nombre lo indica, son objetos de una forma verbal, es decir, no son los sujetos del verbo sino los objetos del mismo, ya sea en forma directa o indirecta. En la simple oración *ella me ama,* el pronombre **ella** es el sujeto de la forma verbal **ama,** ya que es quien ejecuta la acción de amar, mientras que el pronombre **me** es el objeto de la forma verbal **ama,** ya que es quien recibe la acción del verbo **amar.** Así, pues, podemos decir que **me** es un pronombre objeto directo de la expresión verbal **ama.**

Por regla general, los pronombres objetos de la tercera persona vienen a sustituir al nombre, común o propio, objeto del verbo, evitando así la necesidad de repetir dicho nombre. Por ejemplo:

Escribo **una carta.**
La escribo.

En la primera de estas expresiones estamos usando la frase nominal **una carta** como objeto directo de la forma verbal **escribo.** En la segunda, estamos usando el pronombre **la** en sustitución de la frase **una carta,** evitando así su repetición. Es evidente que el vocablo **la,** en este caso, tiene la función de un pronombre objeto directo de la forma verbal **escribo.** Se dice, en este caso, que tanto el nombre como el pronombre son objetos directos del verbo porque la acción de éste se ejerce directamente sobre dicho nombre o pronombre. Regularmente el objeto directo de un verbo responde a la pregunta *¿qué . . . ?,* representando los puntos sucesivos el verbo de que se trade. En el ejemplo dado, la pregunta sería *¿qué escribo?* Obviamente la respuesta será: *una carta.*

Hemos dicho también que un nombre o pronombre puede ser objeto **indirecto** de un verbo. En la oración *escribo una carta a mi novia,* la forma nominal **a mi novia** es el objeto indirecto de la forma verbal **escribo.** Asimismo, esta forma nominal **a mi novia** puede ser sustituída por un pronombre, con igual función de objeto indirecto del verbo, y con la finalidad de no repetir la forma nominal. Veamos un ejemplo:

> Escribo una carta **a mi novia.**
> **Le** escribo una carta.

En la segunda oración la palabra **le** es un pronombre que sustituye a la forma nominal **a mi novia.** Así, pues, podremos decir que un nombre o pronombre objeto indirecto de un verbo es el que representa la persona o cosa a la cual, sin ser objeto directo, afecta la acción del verbo. Regularmente responde a la pregunta *¿a quién?* o *¿para quién?*, *¿a qué?* o *¿para qué?*, y lleva por tanto las preposiciones *a* o *para.*

A continuación se dan los pronombres objetos de verbos, que se agrupan en directos e indirectos.

DIRECTOS	INDIRECTOS
me	me
te	te
lo, la	le
nos	nos
os	os
los, las	les

Muchas personas, principalmente en España, usan los pronombres indirectos **le** y **les** como objetos directos, cuando se refieren a personas masculinas, en vez de usar **lo** y **los.**

Como puede apreciarse, los pronombres correspondientes a las primera y segunda personas del singular y plural son los mismos para los directos que para los indirectos, por lo que en la práctica no debemos precuparnos si dichos pronombres son objetos directos o indirectos del verbo de que se trate. Sin embargo, cuando sea necesario usar los correspondientes a la tercera persona, sí es importante distinguir si el objeto es directo o indirecto, ya que no son los mismos.

Veamos un buen número de ejemplos, para ilustrar el uso de estos pronombres y la función que desempeñan:

> El juez ordenó **la ejecución.** (**la ejecución,** nom. obj. dir.)
> **La** ordenó en nombre de la ley. (**la,** pron. obj. dir.)
> El criminal **me** lanzó **una cuchillada.** (**me,** pron. obj. ind. ; **una cuchillada,**
>   nom. obj. dir.)
> **Me la** lanzó con furia. (**me,** pron. obj. ind. ; **la,** pron. obj. dir.)
> Quiero mucho **a mi madre.** (**a mi madre,** nom. obj. dir.)

¿Por qué **la** quieres? (**la**, pron. obj. dir.)
La quiero porque ella es muy buena. (**la**, pron. obj, dir.)
La patria **nos** pide **sacrificio.** (**nos**, pron. obj. ind.; **sacrificio,** nom.
  obj. dir.)
¿Por qué **nos lo** pide? (**nos**, pron. obj. ind.; **lo,** pron. obj. dir.)

En los casos en que en una oración se usan pronombres directos e indirectos, el indirecto va antes del directo, como se puede apreciar en el último ejemplo dado. He aquí otro ejemplo de este caso:

Ella **te** escribió una carta.
Ella **te la** escribió.

En español es muy usual y común, en los casos en que se usa un nombre como objeto indirecto del verbo, usar al mismo tiempo el correspondiente pronombre de la misma clase.

El juez **le** conmutó la pena **al criminal.**
Les estoy escribiendo **a mis padres.**
El policía **le** puso las esposas **al ladrón.**

Cuando en una misma oración se usan pronombres directos e indirectos, y ambos pertenecen a la tercera persona, el indirecto **le** o **les** se cambia o se convierte a la forma **se.**

Pedro **le** escribió una carta a su tío.
El **se la** escribió.

En general, los pronombres, directos e indirectos, objetos de un verbo, preceden al verbo. Solamente en los mandatos afirmativos es que van unidos a la forma verbal, no así cuando el mandato es negativo.

Escriba una carta.
Escríba**la.**
No **la** escriba.

Pueden también unirse estos pronombres a un verbo en infinitivo o a un gerundio, cuando dicho infinitivo o gerundio va precedido de otra forma verbal, aunque en estos casos puede seguirse la regla general de anteponerlos a la forma verbal de que se trate. Veamos algunos ejemplos de estos casos:

El gobernador quiere dar**nos** una conferencia.   (o)
El gobernador **nos** quiere dar una conferencia.

Quiere dár**nosla** porque cree que es útil.   (o)
Nos la quiere dar porque cree que es útil.
El Congreso está suprimiendo la pena de muerte.
Está suprimién**dola** por inhumana.   (o)
La está suprimiendo por inhumana.

En los casos en que el verbo en uso es reflexivo, el pronombre de esta clase va antes de cualquier otro pronombre objeto del mismo, ya sea directo o indirecto.

Juan **se** cortó la cara. (**se**, reflexivo)
Se la cortó con un cuchillo. (**se**, reflexivo; **la**, directo)
El ladrón **se le** escapó al policía. (**se**, reflexivo; **le**, indirecto)

Ejercicios

a) Conteste las siguientes preguntas, usando el o los correspondientes pronombres objetos, de acuerdo con los modelos:

¿Amas la libertad?
Sí, **la** amo.
¿**Le** quitaron el revólver al ladrón?
Sí, **se lo** quitaron.

1. ¿Ejecutaron al asesino? 2. ¿Le conmutaron la pena de muerte al reo? 3. ¿Pidió el abogado un nuevo juicio? 4. ¿Teme usted a la justicia? 5. ¿Quiere ver usted al juez? 6. ¿Debemos ayudar a la policía? 7. ¿Te gustaría conocer al jurado? 8. ¿Rehusó el acusado contestar la pregunta? 9. ¿Ha visto usted una silla eléctrica? 10. ¿El jurado declaró inocente o culpable al acusado?

b) Conteste las siguientes preguntas, de acuerdo con el modelo:

¿Escribiste los ejercicios?
Sí **los** escribí, pero no quería escribir**los**.   (o)
Sí, **los** escribí, pero no **los** quería escribir.

1. ¿Condenaron al matador? 2. ¿Vieron ustedes la ejecución? 3. ¿Abolieron la pena de muerte? 4. ¿Le conmutaron la pena capital al reo? 5. ¿Le probaron al acusado los cargos?

c) Conteste, de acuerdo con el modelo:

¿Apruebas la pena de muerte?
No, no **la** apruebo; nunca podré aprobar**la**.   (o)
No, no **la** apruebo; nunca **la** podré aprobar.

1. ¿Defendiste al asesino? 2. ¿Has visto la prisión de Alcatraz? 3. ¿Conoces al abogado Perry Mason? 4. ¿Entiendes al juez? 5. ¿Fusilaron al traidor?

d) Conteste, de acuerdo con el modelo:

¿Estuviste leyendo la sentencia?
Sí, estuve leyéndola.   (o)
Sí, la estuve leyendo.

1. ¿Continúa el fiscal acusando al criminal?   2. ¿Sigue el jurado deliberando el caso?
3. ¿Le están celebrando el juicio al acusado?   4. ¿El defensor está rebatiendo los cargos del fiscal?   5. ¿Seguirán aplicando la pena de muerte en California?

e) ¿Cómo completaría usted estas oraciones? Trate:

1. Si una persona mata a otra, ¿debemos quitarle la vida al matador? Sí, debemos . . . . . .
2. Un hombre que asesina a una pobre anciana, ¿merece compasión? No, no . . . . . .
3. La pena capital es inhumana; debemos hacer una campaña. ¿Quiere usted . . . . . .?
4. Los crímenes de traición a la patria merecen la pena de muerte. ¿Confirma usted esta opinión? Sí, ...   5. El traidor debe ser fusilado. ¿Le conmutaría usted la pena? No, no . . . . . .

CAPITULO DECIMO

I. TOPICO: LOS CLIMAS

UN CLIMA TROPICAL

¿Te gustaría vivir en un clima tropical? Eterna primavera, playas soleadas, aguas templadas, cielo azul. ¡Qué sabroso es vivir en un país o en una región que goce de un clima tropical! Aquí mismo, en los Estados Unidos, en el sur de la Florida, se encuentran ciudades como Miami, Miami Beach, Fort Lauderdale, Naples y otras, donde es posible disfrutar de las ventajas y bondades de un ambiente tropical. En sus playas podemos tomar, durante todo el año, baños de sol y de mar, lo mismo en enero que en agosto.

Toda clase de deportes al aire libre pueden efectuarse: béisbol, fútbol, tenis, pista, golf, equitación, en fin, no hay limitación de ninguna clase para la práctica de estos deportes. ¿Ropa? Poca. La más de las veces, es decir, la mayor parte del tiempo,

Clima frío. Foto cortesía de British Columbia Government.

usaremos ropa muy ligera: los varones en mangas de camisa, las hembras con sayas y blusas ligeras. Esto, indudablemente redunda en una economía. Tampoco tendremos que pagar altas cuentas por concepto de calefacción de las casas donde vivamos. El clima tropical te hará sentirte también más joven, más fuerte, con la sangre hirviéndote en las venas. El amor, el romance, estará siempre tocándote a tus puertas. No sentiremos nunca muchos deseos de trabajar, principalmente en los meses de julio y agosto, en que el calor se hace sentir bastante; pero, ¡qué importa! ¡Vive la vida hoy aunque mañana te mueras! Así reza un dicho popular cubano, que nos da, en cierta medida, una idea de la mentalidad del hombre del trópico.

Preguntas

1. ¿Te gusta o te gustaría vivir en un clima tropical?
2. ¿Eres amante de los deportes acuáticos: natación, esquí acuático, etc.?
3. ¿Qué opinión tienes de los habitantes del trópico en general? ¿Son más románticos, más apasionados?
4. ¿Qué opinas del dicho popular cubano: "vive la vida hoy aunque mañana te mueras"?
5. ¿Qué ventajas y desventajas encuentras en un clima tropical?

UN CLIMA FRIO

Vivir en un clima frío puede ser muy agradable, y hay muchas personas que lo prefieren a un clima tropical. Los deportes invernales, tales como el patinar en el hielo y el esquiar en las montañas cubiertas de nieve, son verdaderamente excitantes e interesantísimos.

Además, no siempre es invierno en las regiones o países de clima frío. Los estados del norte de los Estados Unidos, las naciones europeas en su mayor parte, gozan de los distintos cambios que se producen durante las cuatro estaciones. La primavera y el verano brindan la oportunidad para disfrutar de la vida al aire libre, admirar los cambios de la naturaleza, el renacer de los árboles y las flores, los días claros y luminosos, las excursiones al campo y a las playas. En estas regiones o países las gentes son más conscientes de estas cosas que las gentes de otros lugares pues, por ejemplo, después de tres meses de duro invierno, cuando llega la primavera saben apreciarla en todo su valor. También el otoño nos brinda nuevas sensaciones, distintas experiencias: la caza y la pesca son actividades que podemos disfrutar durante esa estación. El hombre nórdico, el que vive en estos lugares fríos, es más trabajador, dado a la investigación, a la búsqueda, tal vez porque tiene forzosamente que permanecer más tiempo bajo techo que los de otras latitudes.

Preguntas

1. ¿Te gusta o te gustaría vivir en un clima frío?
2. ¿Practicas algún deporte invernal? ¿Cuál o cuáles?
3. ¿Qué ventajas encuentras en una región fría?
4. ¿Qué desventajas tiene el vivir en un clima frío?
5. ¿Prefieres la vida bajo techo? Explícate.

EL CLIMA O LA REGION IDEAL

No son muchas las regiones de nuestro mundo de las que pudiéramos decir que disfrutan de un clima ideal. Es muy posible que de inmediato nos venga a la memoria California. Todos los americanos, o casi todos, quisieran vivir en California. Se dice que esta región es maravillosa. Ni sufre de los rigores del verano con altas temperaturas, ni de la miseria del invierno con sus temperaturas álgidas. Todo el año es un paraíso terrenal, lleno de luz y de vida.

Sin embargo, ¿puede asegurarse que existe alguna parte de la tierra que reúna las condiciones climatológicas, geográficas y geológicas perfectas, para considerarla como la región ideal para el hombre? La misma California, con toda su fama, no reúne esas condiciones. A veces esta región es víctima de prolongadas y torrenciales lluvias que provocan terribles inundaciones y causan considerables daños a la propiedad e incluso pérdidas de vidas. Asimismo, está amenazada por terremotos o temblores de tierra que pueden destruir ciudades enteras. Recuérdese el que sufrió la ciudad de San Francisco en el año 1906, que prácticamente la arrasó, a virtud de los incendios que produjo el sismo. También la ciudad de Los Angeles, recientemente, fue víctima de un terremoto, que causó daños y pérdidas de vidas. La densa niebla que a veces envuelve ciertas zonas es también un factor negativo.

Pero estos factores, a fin de cuentas, son de carácter excepcional, y es evidente que California, por su bondadoso clima, se ha convertido, desde hace años, en el sueño de la mayor parte de los americanos, que desearían vivir dentro de sus límites geográficos.

Preguntas

1. Para tí, ¿cuál es la región ideal para vivir?
2. ¿Has pensado alguna vez vivir en California? ¿Por qué?
3. ¿Crees que California es, en efecto, el lugar donde quisieran vivir los americanos? ¿Por qué?
4. ¿Todo el estado de California goza del mismo clima? ¿Conoces el Valle de la Muerte y las montañas de Sierra Nevada?
5. ¿Conoces las islas de Hawaii? ¿Crees que el clima de Hawaii es mejor o puede compararse con el de California?

VOCABULARIO

a fin de cuentas después de todo, como análisis final

álgido muy frío

amenazar dar a entender a otro que le quiere hacer algún mal

apreciar estimar, reconocer el mérito de algo o alguien

asegurar afirmar la certeza de lo que se dice

asimismo del mismo modo, también

a virtud de por, a causa de

bajo techo en casa o en otro lugar cerrado

bondad (la) calidad de bueno

bondadoso lleno de bondad, muy bueno

brindar ofrecer, dar

búsqueda busca, investigación

calefacción (la) acción de elevar la temperatura

caza acción de cazar, deporte o necesidad de buscar animales para matarlos o capturarlos

daño efecto de dañar, detrimento, perjuicio o destrucción de algo o alguien

envolver (ue) cubrir una cosa parcial o totalmente

equitación (la) acción de montar a caballo

esquiar moverse sobre la nieve o hielo por medio de los esquís

forzosamente necesariamente

hembra persona o animal del sexo femenino

hervir (ie, i) moverse agitadamente un líquido por intenso calor

inundación (la) efecto de las aguas cuando cubren un terreno

manga parte del vestido que cubre el brazo

medida expresión comparativa de dimensiones

niebla nube en contacto con la tierra que obscurece la atmósfera

patinar deslizarse o moverse con patines sobre una superficie plana

permanecer no cambiar de lugar

pesca acción y arte de coger peces

pista lugar donde se realizan los deportes de correr

provocar incitar, estimular

redundar resultar una cosa en beneficio o daño de alguien

renacer nacer de nuevo

rezar orar, decir

rigor (el) severidad

sabroso delicioso

saya falda

sismo terremoto, movimiento de tierra producido por causas internas

soleado en el sol

temblor de tierra terremoto

templado moderado

terrenal de la tierra

varón (el) persona del sexo masculino

II. REPASO GRAMATICAL "AD HOC"

24. El Subjuntivo en Cláusulas Adjetivales

En los casos en que se necesita o se quiere hacer referencia a un antecedente indeterminado, indefinido, eventual o dudoso, a través de una cláusula adjetival, es decir, que tiene función de adjetivo, se usa en español el modo subjuntivo. Si el antecedente es definido, determinado o no dudoso, el indicativo es el modo verbal que debe usarse.

Me gusta vivir en un clima que **sea** moderado. (indeterminado)
California goza de un clima que **es** casi perfecto. (determinado)
¿Hay un lugar dónde siempre **haga** calor? (indeterminado)
Sí, hay muchos lugares donde siempre **hace** calor. (determinado)
¿Existe un lugar que **reúna** esas condiciones? (indeterminado)
Sí, existe un lugar que **reúne** esas condiciones. (determinado)
No sé si existe un lugar que **reúna** esas condiciones. (indeterminado)
Quiero vivir en un lugar que no **sufra** del frío. (indeterminado)
Vivo en un lugar que no **sufre** del frío. (determinado)

Ejercicios

a) Conteste las siguientes preguntas, primero en forma afirmativa, y después con la expresión No sé si. . . . :

Modelo : ¿Hay un lugar que tenga un clima perfecto?
Sí, hay un lugar que tiene un clima perfecto.
No sé si hay un lugar que tenga un clima perfecto.

1. ¿Hay un lugar dónde siempre haga calor? 2. ¿Hay un clima que sea mejor que el de California? 3. ¿Existen muchas regiones que disfruten de un clima ideal? 4. ¿Hay un clima que sea más bondadoso? 5. ¿Vas a vivir a un lugar donde haya temblores de tierra? 6. ¿Hay un clima dónde se pueda salir mucho al aire libre? 7. ¿Existe un lugar donde siempre nieve? 8. ¿Existe un clima que le guste a todo el mundo? 9. ¿Hay regiones que siempre sufran de terremotos? 10. ¿Existen regiones donde siempre llueva?

b) Conteste las siguientes preguntas usando la expresión No sé donde. . . :

Modelo : ¿Dónde hace mucho calor?
No sé donde haga mucho calor.

1. ¿Dónde llueve mucho? 2. ¿Dónde hay un clima ideal? 3. ¿Dónde nieva siempre? 4. ¿Dónde gozan de un clima perfecto? 5. ¿Dónde existe un lugar más bondadoso? 6. ¿Dónde llevan mangas de camisa todo el año? 7. ¿Dónde se puede esquiar todo el año? 8. ¿Dónde están amenazados por terremotos? 9. ¿Dónde se disfruta de un clima sin lluvia? 10. ¿Dónde se aprecian los cambios de las estaciones?

25. Las Expresiones del Tiempo

Generalmente, en las expresiones que se refieren al tiempo, climas, o temperaturas, se usan en español, sin distinción, los verbos **hacer** o **haber,** en la tercera persona del singular y en el tiempo verbal que se requiera. Asimismo, los verbos que se refieren a los distintos fenómenos climatológicos y atmosféricos, como por ejemplo, **nevar, llover, tronar, relampaguear,** se usan en tercera persona singular.

¿Hace frío en el norte? Sí, hace mucho frío.
¿Hay calor en las selvas? Sí, hay mucho calor allí.
¿Hizo fresco en la primavera? Sí, hizo mucho fresco.
¿Nevó mucho el año pasado? No, no nevó mucho.
¿Llueve a menudo en el desierto? No, llueve muy poco en el desierto.
¿Qué temperatura hizo ayer en La Habana? Hizo una temperatura de 80º.
¿Qué temperatura hay hoy en Los Angeles? Hay una temperatura de 70º.

Ejercicio

Conteste, con oración completa, las siguientes preguntas:

1. ¿Hace calor en julio en la Florida? 2. ¿Hace mucho frío cuando nieva? 3. ¿Hubo mucho calor en San Antonio el verano pasado? 4. ¿Cuándo hay más calor en la Argentina, en enero o en julio? 5. ¿Hizo fresco en Filadelfia el otoño pasado? 6. ¿Lloverá mucho en Arizona el verano que viene? 7. ¿Cuándo llueve más, en la primavera o en el verano? 8. ¿Hace sol en el invierno algunas veces? 9. ¿Ha nevado alguna vez en la zona del Caribe? 10. ¿Hizo mucho frío en Alaska en enero del año pasado? 11. ¿Habrá frío mañana? 12. ¿Hizo mucho sol ayer? 13. ¿Hay calor siempre en Madrid? 14. ¿Hará fresco mañana? 15. ¿Tronó mucho ayer durante la tormenta? 16. ¿Dónde hubo más frío el invierno pasado, en Montana o en Colorado? 17. ¿Relampaguea mucho aquí durante la primavera? 18. ¿Dónde hace más calor, en el Desierto de Sahara o en el Valle de la Muerte?

26. Uso de las Preposiciones A, POR, DE y EN, en Expresiones de Tiempo

La preposición a se usa para expresar o preguntar la hora exacta en relación con un hecho o acción.

¿A qué hora es más fuerte el calor?
A las 2:00 p.m. el calor es más fuerte.
Regularmente, a las 3:00 a.m. siempre hay fresco.

La preposición por se usa casi siempre para referirse a un período de tiempo, sin especificación de la hora. Esta preposición puede ser sustituída por la preposición durante, y aunque en la mayoría de los casos se prefiere el uso de por, hay algunos casos en que se prefiere durante.

Siempre llueve por (durante) la tarde.
Hace mucho sol por (durante) el mediodía.
Por (durante) la noche siempre refresca.
Estuvo nevando durante (por) tres horas.
Ayer llovió durante (por) todo el día.
Por (durante) la mañana hay mucha niebla.

La preposición de se emplea en los casos en que al expresar la hora se añade el período de tiempo al cual pertenece.

Comenzó a llover a las nueve **de** la mañana.
El terremoto se produjo a las 3 : 45 **de** la tarde.
El tren llegó a las once **de** la noche.

La preposición **en** se usa en oraciones en que se hace referencia a una fecha determinada con expresión de un cierto período de tiempo. También, en estos casos, se puede sustituir esta preposición por la preposición **durante**.

En (durante) la mañana del 25 de octubre un ciclón azotó a Cuba.
En (durante) la noche del 23 de julio, **a** las 9 : 33, habrá un eclipse de luna.

Ejercicios

a) Conteste las siguientes preguntas, con oración completa :

1. ¿Hace calor en las selvas por la tarde ?   2. ¿Por la noche, hay mucho frío en el desierto ?   3. ¿Llueve mucho por la tarde en la primavera ?   4. ¿Cuándo hace más frío, por la mañana o por la tarde ?   5. ¿Hay calor por la noche en el otoño ?

b) Conteste las siguientes preguntas, con oración completa :

1. ¿A qué hora, aproximadamente, se pone el sol en el verano ?   2. ¿Y a qué hora sale ?
3. ¿A qué hora comenzó a llover ayer ?   4. ¿A qué hora terminó de nevar el domingo pasado ?   5. ¿A qué hora se produjo el primer temblor de tierra en San Francisco ?

c) Conteste las siguientes preguntas, con oración completa :

1. ¿Qué hora es en San Francisco cuando en Boston es la una de la tarde ?   2. ¿Recuerda usted si llovió ayer a las ocho de la mañana ?   3. ¿Cuándo hace más calor en el desierto, a las nueve de la mañana o a las tres de la tarde ?   4. ¿Habrá mucho frío mañana a las diez de la noche ?   5. ¿Le gustaría a usted que mañana a las cuatro de la tarde hiciera 10º bajo cero de temperatura ?

d) Conteste con oración completa las siguientes preguntas :

1. ¿Sabe usted si en la mañana del 6 de febrero del año pasado nevó en Chicago ?   2. ¿Fue en la noche del 22 de noviembre de 1963 cuando asesinaron al Presidente Kennedy ?   3. ¿El ataque a Pearl Harbor el 7 de diciembre de 1941 se produjo en la mañana o en la noche de ese día ?   4. ¿Es cierto que en la tarde del 24 de julio del año pasado tembló la tierra en Los Angeles ?   5. ¿Recuerdas si en la mañana del 10 de mayo del año pasado llovió mucho en tu ciudad ?

SEGUNDO JUEGO

I. ¿DONDE ESTOY?

Para este segundo juego, así como para los subsiguientes, se aplican las mismas reglas básicas dadas para el primero.

1. ¿Estás en la tierra? *Sí*
2. ¿Estás en el hemisferio oriental? *No*
3. ¿Estás en Europa? *Sí*
4. ¿Estás en el norte de Europa? *No*
5. ¿Estás en Francia? *No*
6. ¿Estás cerca de Italia? *Bastante*
7. ¿Estás al oeste de Italia? *Sí*
8. ¿En una isla? *No*
9. ¿En una ciudad? *No*
10. ¿Estás cerca del mar? *Sí*
11. ¿Tiene fama por sus playas? *No*
12. ¿Es una nación independiente? *No*
13. ¿Es una provincia de un país? *No*
14. ¿Estás en España? *Bueno, en cierta forma sí, y en cierta forma no*

15. ¿Estás en Portugal? *No*
16. ¿Es una colonia de otro país? *No, realmente*
17. ¿Es de una nación europea? *Sí*
18. ¿Es una atracción turística? *Sí*
19. ¿Estás cerca de Africa? *Sí*
20. ¿Estás en el Peñón de Gibraltar? *Efectivamente, ahí es donde estoy*

II. REPASO GRAMATICAL "AD HOC"

27. El Verbo ESTAR y Sus Usos

1. El verbo **estar** siempre nos da la idea de lugar, sitio o posición geográfica, física, o figurada, de una persona o cosa. Esta idea puede ser permanente o temporal.

> ¿Dónde **están** tus tíos?
> Creo que **estarán** ya en el hospital.
> San José es la capital de Costa Rica; **está** en el centro del país.
> El aeropuerto **está** en las afueras, lejos del centro de la ciudad.
> Lucho **estaba** allí con su novia.
> Siempre **estarás** en mis pensamientos.

2. Con **estar** se habla de una condición accidental, no normal, de una persona o cosa. Generalmente, esta condición es temporal.

> ¿Cómo **está** la sopa? **Está** muy fría.
> José **estaba** muy triste ayer, pero hoy **está** contentísimo.
> ¿Cómo **estará** mañana?
> Stalin **estuvo** enfermo de gravedad durante más de un año.

3. El verbo **estar** indica el estado que ha resultado de otra acción.

> El rey **estaba** muerto.
> **Estamos** listos para este examen. Estudiamos mucho.
> El fonógrafo **está** roto. Mi hermano lo rompió.

4. El verbo **estar** con el participio presente forma los tiempos progresivos.

> Ella **estaba** llorando cuando yo vine.
> **Estará** durmiendo.
> Debe **estar** practicando ahora.

5. **Estar** puede usarse para expresar opinión general.

Este ejercicio **está** muy difícil.

Esta novela **estuvo** muy interesante.

Ejercicio

Conteste las siguientes preguntas con oración completa:

1. ¿Dónde estará tu profesor de inglés ahora? 2. ¿Está París en el centro o en el sur de Francia? 3. ¿Qué estás haciendo ahora? 4. ¿Está roto el reloj, o camina bien? 5. ¿Cómo está el agua del lago Michigan ahora, fría o caliente? 6. ¿Han estado ustedes en España? 7. ¿Estaba enfermo Roosevelt antes de su muerte? 8. El último concierto de la música "rock", ¿estuvo muy bueno o muy malo? 9. ¿Estás muy cómodo en tu silla? 10. ¿Estarías más cómodo en una cama? 11. ¿Está bonito el día o hace frío? 12. ¿Había estado Napoleón en Waterloo antes de 1815? 13. ¿Están locos los comunistas? 14. ¿Hace tiempo que estás interesado en la política? 15. ¿Estás a favor o en contra de la legalización de la mariguana? 16. ¿Cuántos países africanos estaban libres antes de 1950? 17. ¿Estabas cansado al acostarte anoche? 18. ¿Están ustedes seguros de conseguir buena nota en esta clase? 19. ¿Te alegras de estar en una clase de español? 20. ¿Ya estás aburrido con estas preguntas?

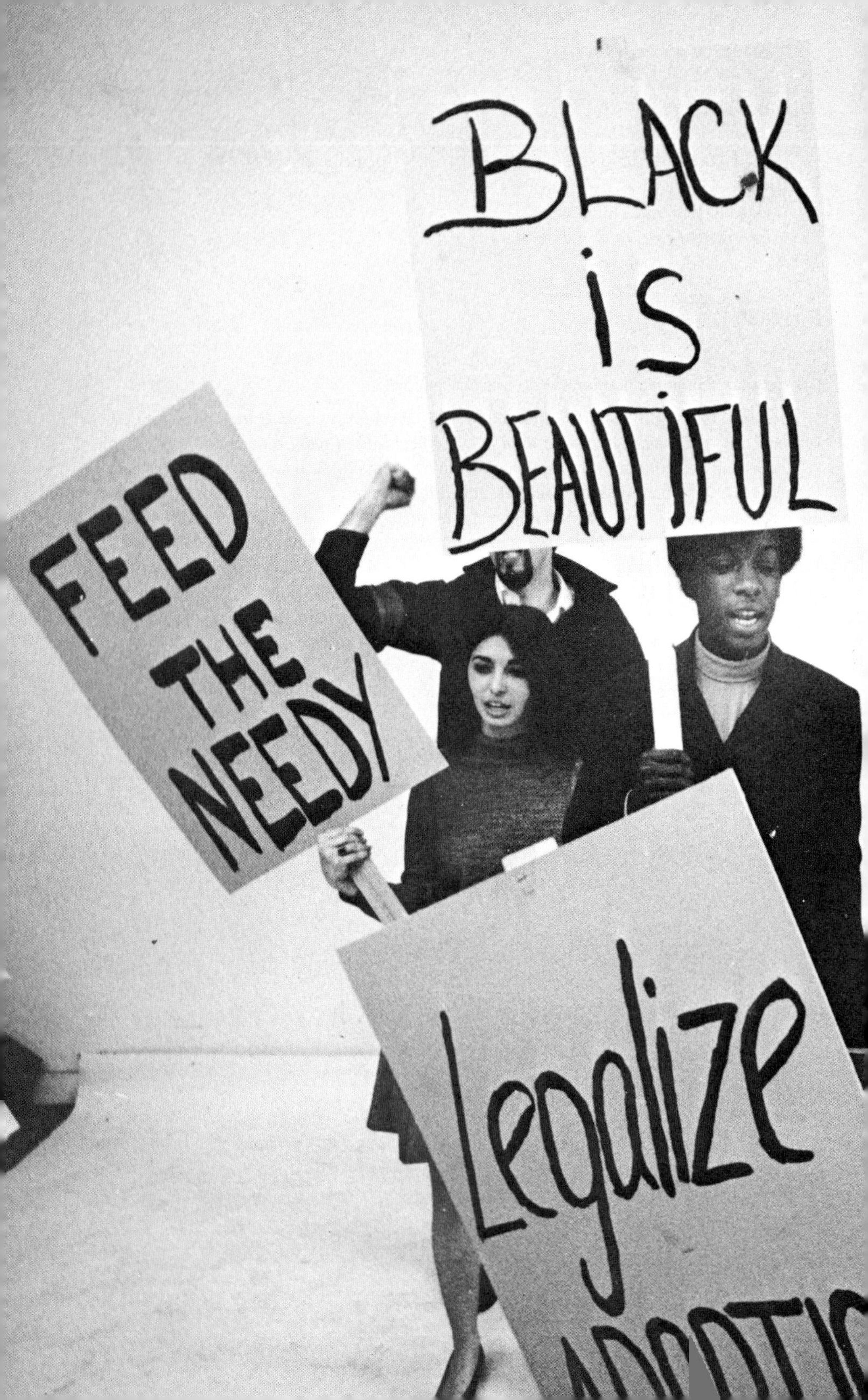
BLACK
is
BEAUTIFUL
FEED
THE
NEEDY
Legalize

CAPITULO ONCE

I. TOPICO: ACTITUD CIUDADANA

EL RESPETO A LA LEY

La piedra fundamental en un estado de derecho es el respeto a la ley. Sin este respeto, sin este acatamiento, la sociedad, la convivencia entre los hombres, no puede producirse.

La anarquía, el caos, la desorganización, el crimen, el pillaje, son consecuencias y resultados de la falta de respeto a la ley.

Bajo un régimen democrático y liberal, donde los derechos fundamentales del hombre están garantizados, donde cada ciudadano pueda expresar su opinión y ser oído por los gobernantes que él haya elegido, la falta de respeto a la ley no tiene justificación de ninguna clase. Si un grupo de ciudadanos no está de acuerdo con tal o cual disposición gubernamental, tiene el derecho de protestar cívicamente contra ella, empleando los medios legales que sus leyes le garantizan, pero no tiene derecho,

Una manifestación. Foto cortesía de John Pitkin.

en estos casos, a desobedecer la ley, a realizar actos contrarios a ella y, mucho menos, actos delictivos que lesionen los derechos de otros, como son los saqueos de comercios, destrucción de propiedades, incendios, e inclusive rebelión contra las fuerzas públicas (policía, guardia nacional, ejército, etc.) que, en cumplimiento de su deber, tratan de imponer y restablecer el orden alterado.

Contra estos ciudadanos que invocan para sí un derecho determinado pero que al mismo tiempo están violando y desconociendo ese mismo derecho, coaccionando a otros y queriendo imponer por la fuerza y la violencia su manera de pensar, contra estos supuestos voceros de derechos, que no saben respetar el derecho de los demás, debe caer el peso de la ley. Y los ciudadanos conscientes y respetuosos de las leyes, que velan por el orden, la justicia y el derecho de todos, deben aunar sus esfuerzos porque prevalezca el respeto a la ley, sin cuyo respeto se haría imposible la pacífica convivencia, pues sería entonces la ley del más fuerte la que prevalecería.

Preguntas

1. ¿Qué entiende usted por "respeto a la ley"?
2. ¿Cree usted que el respeto a la ley es básico o esencial para la supervivencia y desarrollo de un país o nación? Explíquese.
3. ¿En qué consiste el derecho de protestar o disentir de una ley o disposición gubernamental?
4. ¿Qué consecuencias produce, o puede producir, en un estado de derecho, el no respeto a la ley?
5. ¿Cree usted que en los Estados Unidos, actualmente, están garantizados los derechos fundamentales del hombre y, por lo tanto, el respeto a la ley es ineludible?
6. ¿Qué opinión tiene usted de la actuación de la fuerza pública de los Estados Unidos ante los ciudadanos que se niegan a respetar u obedecer la ley?

LA DESOBEDIENCIA CIVIL

La historia de los pueblos está llena de episodios en los que la desobediencia civil ha jugado un papel decisivo en el futuro de ellos. En todos los casos esta actitud de desobediencia ha encontrado justificación, ya que se ha producido contra gobiernos o gobernantes tiránicos y despóticos, que han desconocido los principios y derechos fundamentales del hombre. No hay dudas que cuando estos derechos, —tales como el derecho de libertad de palabra, libertad de religión, libertad de locomoción, igualdad de todos ante la ley,— no son reconocidos a los ciudadanos de un país o nación, ellos tienen el derecho natural e inalienable de rebelarse contra las injusticias de los que gobiernan, produciéndose como primera manifestación de esa rebeldía la desobediencia civil, expresión del descontento y la oposición a la tiranía o mal gobierno.

Casi todas las nuevas naciones de la América, por ejemplo, pasaron por ese proceso de desobediencia civil contra los países que las colonizaron y que no tenían más objetivo que explotarlas en su provecho.

De la desobediencia civil se pasa a la guerra, que puede ser una guerra de independencia, como en el caso de los Estados Unidos contra Inglaterra, y las colonias hispanoamericanas contra España, o una guerra revolucionaria para derrocar a un tirano que oprime a su propio pueblo.

En todos estos casos la desobediencia civil está justificada porque los gobernantes optaron por desconocer las demandas de los ciudadanos que trataron, por los medios legales y cívicos, de protestar la falta de libertad y derechos. Cuando, a pesar de las protestas pacíficas y cívicas, la opresión continúa, la experiencia demuestra que ésta sólo termina por medio de la rebelión o la revolución violenta.

Preguntas

1. ¿Qué entiende usted por "desobediencia civil"?
2. ¿Cree usted que cuando un ciudadano estime que una ley o disposición gubernamental es injusta, tiene el derecho a desobedecerla?
3. ¿Cuándo estima usted que se justifica la desobediencia civil?
4. ¿En qué casos cree usted que la desobediencia civil es injustificada?
5. ¿Cree usted justificada, en la hora presente, la desobediencia civil en los Estados Unidos?
6. ¿Hasta qué grado cree usted que debe llegar la desobediencia civil?

7. ¿Justifica usted, en algún caso, la destrucción de propiedades, saqueos de comercios, incendios, bombas, atentados, secuestros, como formas de protesta o desobediencia civil?

VOCABULARIO

acatamiento respeto, cumplimiento

alterado cambiado, trastornado

atentado delito consistente en intentar causar un daño

aunar unir, unificar

caos (**el**) confusión, desorden

coaccionar forzar

convivencia estado de vivir con otros

cumplimiento acción de ejecutar con exactitud una obligación

delictivo criminal

derecho ley, justicia, poder legal

derrocar derribar, hacer caer un sistema de gobierno o un gobernante

desconocer ignorar, no hacer caso de

disentir (**ie, i**) tener opinión opuesta a la de otro

incendio fuego grande que destruye casas, edificios, etc.

invocar llamar a uno en hora de necesidad o auxilio

lesionar dañar, perjudicar, herir

locomoción (**la**) movimiento

oprimir sujetar tiránicamente

optar por escoger

papel (**el**) función, posición, parte de una obra teatral que representa cada actor

pillaje (**el**) saqueo y robo

prevalecer sobresalir, ser superior

rebeldía acto del rebelde

saqueo acción de robar y destruir propiedades

secuestro acción de apoderarse de una persona para exigir algo por su rescate

velar observar atentamente, cuidar

vocero uno que habla en nombre de otro

II. REPASO GRAMATICAL "AD HOC"

28. La Terminación o Sufijo MENTE para la Formación de Adverbios

Un gran número de adverbios se forman añadiendo el sufijo **mente** al singular femenino de un adjetivo.

Adjetivo	Adverbio
malo	malamente
bueno	buenamente

rápido   rápidamente
lento   lentamente

Si el adjetivo termina en la vocal **e** o en **consonante,** sencillamente se agrega **mente** al singular.

Adjetivo	Adverbio
triste	tristemente
fácil	fácilmente
superior	superiormente
inteligente	inteligentemente

En los casos en que dos o más adverbios de esta clase se usan en sucesión, solamente el último toma el sufijo **mente,** mientras que los anteriores mantienen la forma adjetival.

El Presidente habló **fuerte** y **enfáticamente.**
La Consititución determina **clara, franca** y **directamente** los derechos fundamentales del ciudadano.

En español, estos adverbios terminados en **mente** pueden sustituirse, en la mayoría de los casos aunque no siempre, por una frase adverbial compuesta por la preposición **con** + **el sustantivo o nombre** de que se trate.

claramente = con claridad
propiamente = con propiedad
valientemente = con valentía
astutamente = con astucia

Es obvio que para usar esta frase adverbial es necesario conocer la forma nominal o sustantiva del adjetivo. (Al final de este capítulo se da una lista de un buen número de adjetivos y nombres.) Como ya se advirtió anteriormente, no siempre se puede usar la frase adverbial en lugar del adverbio propiamente dicho. Por ejemplo, no es correcto decir *El discurso fue **con sociedad** beneficioso,* sino que debemos decir *El discurso fue **socialmente** beneficioso.*

Ejercicios

a) Conteste las siguientes preguntas, usando la forma adverbial del adjetivo dado en paréntesis.

Modelo: ¿Cómo habló el presidente? (claro)
El presidente habló **claramente.**

1. ¿Cómo actuó la policía durante los desórdenes? (prudente)   2. ¿Cómo debe comportarse la ciudadanía? (respetuoso)   3. ¿Cómo puede la sociedad protestar de una ley poco popular? (cívico)   4. ¿Cómo debemos reaccionar contra los que alteran el orden? (fuerte)   5. ¿Cómo deben resolverse los conflictos entre el gobierno y el pueblo? (pacífico, imparcial y democrático)   6. ¿Cómo podríamos decir que gobierna un presidente que no respeta la Constitución? (tiránico y despótico)   7. ¿Cómo se rebelaron las colonias hispanoamericanas contra el despotismo de España? (franco y valiente)   8. ¿En qué forma debe luchar un pueblo contra la opresión de sus gobernantes? (patriótico e inteligente)   9. ¿Cómo actuaron los gobernantes de Inglaterra cuando las colonias americanas declararon su independencia? (fuerte y violento)   10. ¿Cómo debe ser tratado el individuo que desobedece la ley? (justo e imparcial)

b) Conteste las anteriores preguntas de la letra (a), usando la frase adverbial **con + nombre.**

c) Cambie las siguientes oraciones usando la frase adverbial **con + nombre,** en lugar del adverbio:

Modelo: El presidente habló **claramente.**
El presidente habló **con claridad.**

1. El derecho de protesta es invocado **sinceramente** por los pueblos conscientes.   2. La fuerza pública tiene el deber de imponer **justamente** las leyes.   3. El ciudadano que cumple **patrióticamente** con su deber es digno de alabanza.   4. Los agitadores se retiraron **rápidamente** al llegar la Guardia Nacional.   5. El presidente que gobierna **democráticamente** un país merece el respeto de sus súbditos.   6. Cuando un tirano gobierna **despóticamente** a un pueblo, éste tiene el derecho de derrocarlo.   7. Los americanos lucharon **valientemente** contra la tiranía inglesa.   8. Es necesario combatir al comunismo **inteligente** y **fieramente.**   9. Todos los pueblos quieren vivir **pacífica** y **felizmente.**   10. Para gobernar **legal** y **prudentemente** hay que oír al pueblo.

29. Uso de la E en Vez de la Conjunción Y

La conjunción **y** se cambia por la vocal **e,** con la misma función de conjunción, cuando precede a una palabra que comienza con **i** o **hi.**

Tuve examen en filosofía **e** historia.
Visitarán a Francia **e** Inglaterra.

Ejercicio

Cambie el orden de las siguientes oraciones, según el modelo:

Tratan de imponer **y** restablecer el orden.
Tratan de restablecer **e** imponer el orden.

1. Es un gobierno imparcial y justo.   2. Son derechos inalienables y naturales.   3. No me hablen de injusticias y de representación.   4. La protesta produjo incendios y saqueos.   5. No creo que nuestro gobierno sea ideal y razonable.   6. El comunismo es ilógico y estúpido.   7. Muchos de los que protestan son hipócritas y materialistas. 8. Muchas leyes son injustas y negativas.   9. ¡Qué ingratos y bárbaros son esos radicales!   10. La indiferencia y la opresión matan el proceso democrático.

30. Uso de la U en Vez de la Conjunción O

La conjunción **o** se cambia por la vocal **u,** con la misma función de conjunción, en los casos en que precede a una palabra que comienza con **o** u **ho.**

No sabemos si es deshonesto u honesto.
Las elecciones serán en septiembre u octubre.

Ejercicio

Cambie el orden de las palabras unidas por la conjunción **o,** en las siguientes oraciones :

Modelo : No sé si hay ocho **o** siete.
No sé si hay siete **u** ocho.

1. La represión de la fuerza pública, ¿fue horrenda o sensata?   2. ¿Es hombre o mujer el Primer Ministro de la India?   3. ¿Qué prefieres, opresión o democracia?   4. ¿Es el servicio militar obligatorio o voluntario?   5. ¿Debemos organizarnos o desunirnos? 6. ¿Lo que tú dices, es opinión o hecho?   7. Desconocíamos si aquello fue opresión o coacción.   8. ¿La decisión fue oportuna o inoportuna?   9. ¿Qué prefiere un buen gobernante, honra o fama?   10. ¿Aquel acto que lo llevó a la muerte, fue holocausto o locura?

LISTA DE PALABRAS EN SUS FORMAS ADJETIVAL Y NOMINAL

ADJETIVO	NOMBRE	ADJETIVO	NOMBRE
abundante	abundancia	honrado	honradez
actual	actualidad	ilegal	ilegalidad
alegre	alegría	imparcial	imparcialidad
amplio	amplitud	independiente	independencia
anterior	anterioridad	injusto	injusticia
básico	base	inteligente	inteligencia
breve	brevedad	irónico	ironía
brusco	brusquedad	jocoso	jocosidad

brutal	brutalidad	jovial	jovialidad
cívico	civismo	justo	justicia
civil	civilidad	legal	legalidad
claro	claridad	legítimo	legitimidad
cobarde	cobardía	lento	lentitud
consciente	consciencia	liberal	liberalidad
criminal	criminalidad	magestuoso	magestuosidad
cuidadoso	cuidado	malicioso	malicia
débil	debilidad	malo	maldad
decisivo	decisión	natural	naturalidad
democrático	democracia	noble	nobleza
desobediente	desobediencia	obediente	obediencia
despótico	despotismo	organizado	organización
difícil	dificultad	pacífico	paz
diplomático	diplomacia	patriótico	patriotismo
distinguido	distinción	perfecto	perfección
elegante	elegancia	pobre	pobreza
escaso	escasez	político	política
estúpido	estupidez	posterior	posterioridad
fácil	facilidad	prudente	prudencia
feliz	felicidad	quieto	quietud
feo	fealdad	rápido	rapidez
fiero	fiereza	rebelde	rebeldía
franco	franqueza	regular	regularidad
frecuente	frecuencia	respetuoso	respeto
fuerte	fuerza	rico	riqueza
fundamental	fundamento	sabio	sabiduría
garantizado	garantía	seco	sequedad
generoso	generosidad	sincero	sinceridad
gozoso	gozo	tiránico	tiranía
grande	grandeza	triste	tristeza
hermoso	hermosura	valiente	valentía
honesto	honestidad	violento	violencia

CAPITULO DOCE

I. TOPICO: CIENCIA Y ARTE

EL HOMBRE DE CIENCIA

Matemáticas. Física. Química. Astronomía. Biología. Geometría. . . .

El hombre . . . el ente más prodigioso de la creación, el único ser viviente capaz de razonar hasta lo infinito. El hombre de ciencia, el que ha sido capaz de desintegrar el átomo, de utilizar la tremendísima energía que encierra, que ha traspasado las fronteras de este mundo para alcanzar otros, no se detiene ante ningún obstáculo y avanza incontenible hacia metas cada vez más portentosas.

Si analizamos la historia de la humanidad, encontraremos siempre patente esa curiosidad, ese deseo de averiguar, de investigar, de transformar, de crear. Desde el invento de la rueda, el descubrimiento de la electricidad y su utilización, hasta el

Albert Einstein. Foto cortesía de The Bettmann Archive.

transplante de un órgano tan vital como el corazón, el hombre de ciencia nos ha brindado una gama de maravillas que es para dejarnos atónitos.

¿Qué sería la humanidad sin esa capacidad extraordinaria de los hombres dedicados al campo de las ciencias? Seguramente estaríamos aún viviendo en cuevas y cavernas, como el resto de los animales. El más elemental de los utensilios usados por el hombre más primitivo requiere un principio científico. El lanzamiento de una piedra con la mano no es más que la aplicación de leyes físicas naturales aprovechadas por el hombre con un principio científico.

El acto, tal vez más primitivo que el anterior, de agarrar y sostener en sus manos una rama de árbol y con ella abatir a un enemigo, ¿no requiere también un principio científico cual es la utilización de un elemento ajeno a su persona para producir un aumento a su fuerza natural, es decir, una multiplicación de su fuerza? Esa misma rama, usada como palanca ¡qué prodigios es capaz de hacer! Recordemos la célebre frase de Arquímides: "Denme un punto de apoyo y una palanca y moveré al mundo".

Preguntas

1. ¿Cómo ha contribuido y contribuye el hombre de ciencia al desarrollo de la humanidad?

2. ¿Cree usted que la ciencia ha contribuido al logro del bienestar y de la felicidad del hombre?

3. ¿Cree usted que hay aspectos negativos de las ciencias, es decir, que en alguna forma han sido perjudiciales en vez de beneficiosos para el género humano? Explique su criterio.

4. ¿En qué campo de las ciencias cree usted que el hombre ha logrado mayores avances?

5. En su opinión, ¿qué inventos o descubrimientos han sido más importantes para el desarrollo de la civilización?

6. ¿Le gustan a usted las ciencias? En caso afirmativo, ¿cuál o cuáles son sus preferidas y por qué? En caso negativo, explíquese.

EL ARTISTA Y EL HOMBRE DE LETRAS

En el hombre de letras y en el artista podríamos decir que domina el corazón sobre la razón. Se preocupa más por el mundo del espíritu que por el mundo material. Toma como principal objeto de estudio al hombre mismo. La filosofía, la literatura, la música, la pintura, la escultura, son temas de su preferencia. El artista y el hombre de letras nos hablan de la naturaleza, de Dios, de las bellezas, —y también de las fealdades,— de la alegría y del dolor, de la esperanza, del éxito y del fracaso, del amor y del odio, en fin, de todos los valores del espíritu, ya sean éstos positivos o negativos.

El poeta, el músico, el pintor, el escultor, son los máximos representantes de las más hondas manifestaciones del espíritu. Igualmente, el historiador, el crítico, el ensayista, el periodista, el filósofo, contribuyen, en gran medida, a aumentar la riqueza intelectual del hombre, brindándonos con sus conocimientos y teorías, la oportunidad de meditar sobre todo aquello que se escapa a la razón fría, calculadora, matemática, a todo aquello que se escapa a los ojos materiales, haciéndonos ver con los ojos del alma, haciendo que nos adentremos en los campos de lo inconmensurable, de lo omnipotente, de la vida y de la muerte, de la immortalidad, y de los grandes misterios del Creador, en su afán de encontrar los principios y verdades que atesora el espíritu.

Preguntas

1. ¿En qué forma ha contribuído y contribuye el hombre de letras y el artista al desarrollo de la humanidad?
2. ¿Es usted un hombre o una mujer de letras?
3. ¿Es usted un artista?
4. ¿Cuál es su arte preferido, y por qué?
5. ¿Qué opinión tiene usted de la filosofía? ¿Es usted filósofo?
6. ¿Qué opina usted de la música?
7. ¿Tiene usted alma de poeta? ¿Ha hecho usted versos alguna vez?
8. ¿Cree usted en la existencia del espíritu?

¿ CIENCIAS O ARTES Y LETRAS ?

Evidentemente que el hombre, para su desarrollo, necesita de ambas, de las ciencias y de las artes y letras, y que desde los primeros albores de la humanidad, tanto las unas como las otras fueron manifestaciones del género humano. La civilización y la cultura de todos los pueblos de la tierra están vinculadas, en mayor o menor grado, a estas dos fuerzas motoras que impulsan y desarrollan la actividad humana; y, a fin de cuentas, civilización y cultura no son más que las manifestaciones de estas potencias creadoras. Ciencias y artes y letras se complementan, no subsistirían las unas sin las otras, en la misma forma que no habría vida superior sin la existencia de los dos géneros, el masculino y el femenino.

Aceptado este principio, cada hombre escoge en su vida como principal actividad o bien las ciencias o bien las artes y letras. Puede que esta selección dependa de múltiples factores que influyen en cada hombre o mujer en particular. A veces un factor económico, tal vez uno sentimental, decidan a favor de unas o de otras. La vocación, la aptitud de cada cual es quizás lo que más decida en la mayoría de los casos.

El joven que tenga facilidad para las matemáticas, que se sienta atraído por el desarrollo y por las maravillas que ofrecen la física y la química, por ejemplo, indudablemente que será un hombre de ciencias. La joven que experimente una emoción sublime ante la lectura de una obra literaria, o que sienta una fuerte vocación por la música o la pintura, no hay dudas que se decidirá por el estudio de las artes y letras. Así, el uno y la otra, continuarán, con su aportación, al desarrollo de la humanidad que seguirá siempre adelante, adelante, adelante. . . .

Preguntas

1. ¿Qué cree usted que es más importante, las ciencias o las artes y letras? Explique su criterio.

2. ¿Qué factores o influencias determinan que una persona sea un científico o un artista?

3. ¿Los Estados Unidos, como nación, se ha caracterizado más por su desarrollo científico, o por su desarrollo artístico?

4. ¿En los países hispanoamericanos, predominan las ciencias o las artes? Explique su opinión.

5. En general, ¿qué cree usted que ayude más a la búsqueda del bienestar y de la felicidad del hombre, las ciencias o las artes y letras?

VOCABULARIO

abatir echar por tierra, dominar, conquistar

adentrar penetrar con análisis un asunto

afán (el) deseo fuerte

agarrar coger

ajeno extraño, no nativo

albor (el) luz del alba, principio

ansioso ávido, que tiene anhelo

aportación (la) contribución

atesorar guardar dinero u otras cosas de valor

atraer traer hacia sí una cosa

beneficiar hacer bien

debacle (la) final desastroso

desintegrar romper, destruir

encerrar (ie) poner o estar dentro de otra cosa

ente (el) lo que existe

fantasma ser no real que uno cree ver

fealdad (la) contrario de hermosura o belleza

fila línea formada por personas o cosas colocadas unas detrás de otras

gama sucesión de cosas, serie

inconmensurable que no se puede medir o calcular

incontenible que no se puede contener o detener

lanzamiento acción de arrojar o echar

meta fin

odio lo contrario de amor

palanca barra que se usa para levantar o mover un objeto

patente evidente

portentoso grandioso, maravilloso

prodigio cosa o suceso extraordinario

prodigioso extraordinario

rama brazo o división del tronco de una planta

subsistir vivir, durar, existir

traspasar pasar de un lugar a otro

vincular atar o unir una cosa con otra

II. REPASO GRAMATICAL "AD HOC"

31. Uso del Infinitivo Después de una Preposición

En español, cuando una forma verbal es objeto de una preposición se usa el **infinitivo**.

El deseo **de averiguar** es innato en el hombre.
Los científicos trabajan **para beneficiar** a la humanidad.
Arquímides murió **sin demostrar** algunas de sus teorías.

Ejercicio

Conteste las siguientes preguntas, según el modelo. (Se dan en paréntesis una o más palabras que pueden servir de guía para contestar algunas de las preguntas.)

Modelo: ¿Para qué hace versos el poeta? (deleite, lectores)
El poeta hace versos **para deleitar** a sus lectores.

1. ¿De qué está ansioso el hombre? (investigación) 2. ¿Qué es capaz de hacer el hombre hasta lo infinito? (razonamiento) 3. ¿Para qué han traspasado los astronautas las fronteras de este mundo? (alcance, otros mundos) 4. ¿Para qué sirve, entre otras cosas, la electricidad? (movimiento, motores) 5. ¿Es posible el triunfo en la vida sin estudiar y luchar con perseverancia? 6. ¿Se contentan los científicos solamente con teorizar o, por el contrario, trabajan también para poner en práctica sus teorías?

32. *Los Adjetivos Demostrativos*

Los adjetivos demostrativos en español concuerdan en género y número con el nombre a que se refieren y, generalmente, se usan antes del nombre. La función de los adjetivos demostrativos es señalar o distinguir personas o cosas denotando asimismo, generalmente, la distancia a que se encuentra del que habla la persona o cosa a que se refiere.

Con **estas** palancas moveremos al mundo.
Aquel joven que está sentado en la última fila es poeta.
Esta autora de que te hablo es famosísima.

He aquí los adjetivos demostrativos, acompañados de un sustantivo:

Masculino, singular	Femenino, singular
este pintor	**esta** poetisa
ese músico	**esa** obra
aquel escritor	**aquella** pintura

Masculino, plural	Femenino, plural
estos maestros	**estas** teorías
esos poemas	**esas** esculturas
aquellos dramas	**aquellas** novelas

Los adjetivos demostrativos **este, estos, esta, estas** indican que la persona o cosa a que se refieren está cerca, inmediata, o al alcance de la persona que habla.

Los adjetivos demostrativos **ese, esos, esa, esas** denotan que la persona o cosa a que se refieren está cerca, inmediata o al alcance de la persona a quien se habla.

Los adjetivos demostrativos **aquel, aquellos, aquella, aquellas** denotan, generalmente, que la persona o cosa a que se refieren, está más allá del alcance inmediato tanto de la persona que habla como de la persona a quien se habla. Véase en el siguiente ejemplo el uso de estos demostrativos cómo denotan distancia:

> **Este** libro que tengo en la mano es mío, y **esa** libreta que tú tienes es tuya, pero **aquella** pluma que está sobre el escritorio es de mi hijo.

Ejercicio

Cambie al plural las siguientes oraciones:

> Modelo : **Este** cuadro es de Velázquez.
> **Estos** cuadros son de Velázquez.

1. Ese poema fue escrito por Rubén Darío. 2. Hazme el favor de tocar este disco en tu tocadiscos. 3. Aquella novela de que te hablé ayer es de Galdós. 4. Ese joven que está hablando con tu hijo es periodista. 5. ¿Te gustaría conocer a esa escritora famosa ? 6. Sí, pero también quisiera conocer aquel científico. 7. Este telegrama está escrito en portugués. 8. Ese sistema es más sencillo que el tuyo. 9. Esta pieza musical tiene mucha melodía. 10. Aquel cuadro es mejor que el de Tomás.

33. Los Pronombres Demostrativos

Los pronombres demostrativos son los mismos que los adjetivos demostrativos. Solamente se diferencian en la escritura, en que los pronombres llevan acento ortográfico, aunque este requisito no es absolutamente obligatorio.

> Esta obra es de Milton y **ésta** es de Hemingway.
> Tu poema es más bello que **éste**.
> Mi pintura es mala pero **aquélla** es peor.

Los pronombres demostrativos neutros son **esto, eso** y **aquello,** y no llevan acento ortográfico. Se usan para referirse a cosas o preguntar sobre cosas, sin determinar su género y número.

¿Qué es **esto** que tengo en la mano?
Eso es una cámara.
Aquello que vemos allí son dos cuadros de Goya.

También los pronombres demostrativos neutros pueden referirse a ideas, declaraciones, hechos o situaciones que previamente han sido determinados en la conversación o en el contexto.

Esto es lo más interesante que he oído.
Aquello fue la debacle.
Eso está muy bien hecho.
Esto me viene como anillo al dedo.

Ejercicio

Cambie al singular las siguientes oraciones:

> Modelo: **Estos** libros son buenos pero **aquéllos** son mejores.
> **Este** libro es bueno pero **aquél** es mejor.

1. Estas teorías filosóficas son de Kant y ésas a que te refieres son de Ortega y Gasset.
2. Aquellos versos que recitaste ayer me gustaron más que éstos de hoy. 3. Esos telegramas son de Madrid y éstos llegaron de Barcelona. 4. Aquellos diagramas quedaron perfectos pero éstos tienen algunos errores. 5. Si estos programas son malos, aquéllos son peores.

34. Palabras que Terminan en MA, y que Son de Género Masculino

Hay un buen número de palabras en español que terminan con la sílaba **ma,** y que son de género masculino.

Es **un tema** muy largo y complicado.
¿Te gustan **los poemas** líricos?
Siempre dice que tiene **muchos problemas**.

A continuación se citan las de uso más común:

anatema	esquema
cablegrama	fantasma
clima	idioma
diagrama	lema
dilema	panorama
dogma	poema
drama	problema
enigma	programa

radiograma   telegrama
síntoma   tema
sistema   teorema

Ejercicio

Cambie al plural las siguientes frases u oraciones:

Modelo: Es **un tema** largo.
Son **unos temas** largos.

1. El drama es muy trágico. 2. El sistema era sencillo. 3. Será un lema mexicano.
4. ¿Te gusta el clima frío? 5. Ese diagrama está correcto. 6. Es el esquema básico.
7. Es el dilema humano. 8. Apareció el fantasma. 9. Era un síntoma serio. 10.
Me mandó el telegrama corto. 11. Es el enigma artístico. 12. Es un bonito idioma.
13. El dogma era católico. 14. El programa es malo. 15. Un panorama grandioso.
16. El teorema complicado. 17. El radiograma es muy largo. 18. El anatema injurioso.
19. El cablegrama llegó a tiempo. 20. Un hermoso poema.

Ejercicio Especial

El hombre y su campo de actividad: profesión, arte, estudio u oficio

En español no hay una regla fija y sencilla para poder determinar la cuestión del título
o nombre que se le da a la persona en cuanto a su profesión, arte, estudio u oficio.
Con la ayuda del profesor, veamos si podemos conocer como se llama la persona que
se dedica a una determinada actividad.

El que ejerce la medicina es **médico.**
El que toca música es **músico.**

Ahora, trate de determinar el nombre que se le da a las siguientes actividades:

1. El que practica la ley o el derecho es _____. 2. El que ejerce la ingeniería es _____.
3. El que se mete en la política es _____. 4. El que administra los asuntos de una empresa
es _____. 5. El que enseña o da clases es _____. 6. El que repara motores se llama
_____. 7. El que ejerce la carpintería es _____. 8. El que trabaja en plomería es _____.
9. El que construye casas o edificios es _____. 10. El que diseña un edificio se llama
_____. 11. El que practica la biología es _____. 12. El que practica la química es
_____. 13. El que practica la física es _____. 14. Mientras un matemático es experto
en _____, el que estudia filosofía es _____. 15. Mientras un psicólogo estudia _____,
el que se interesa en psiquiatría es _____. 16. El que escribe es _____; si se dedica
a escribir dramas es _____, pero si prefiere la novela es _____. 17. Un ensayista
escribe _____, pero un cuentista publica _____. 18. El experto en historia es _____.
19. Un poeta escribe _____. 20. El escultor es maestro de la _____. 21. El que pinta
es _____. 22. Uno que inventa es _____. 23. El que se dedica a la agricultura es _____
24. El que baja a las minas es _____.

CAPITULO TRECE

I. TOPICO: EL TESTIGO ANTE UN ATAQUE FISICO

EL TESTIGO INTERVIENE

Caminamos por una calle de una ciudad cualquiera. No importa la hora. Por la acera opuesta viene, también caminando, una señora de mediana edad, y detrás de ella un muchachón, de tal vez no más de diecisiete años. De pronto, el jovenzuelo se lanza contra la señora y trata de arrebatarle el bolso que lleva en su brazo izquierdo. Ella se defiende y resiste la agresión. El pillo, enfurecido, comienza a golpearla y la lanza al pavimento, donde la patea fuertemente.

¿Cuál es nuestra reacción ante este ataque de que es víctima una indefensa mujer? ¿Debemos intervenir y ayudar a la débil criatura o, por el contrario, será mejor abstenernos de toda intervención en este hecho?

Un principio de solidaridad humana, un sentimiento de indig-

Un asalto. Foto cortesía de Free Lance Photographers Guild, Inc.

119

nación ante la cobarde conducta del criminal, nos debe impulsar inmediatamente a salir en defensa de la persona injustamente atacada, y con riesgo de nuestra seguridad personal, arremeter contra el atacante y evitar por todos los medios a nuestro alcance que prosiga en su despiadada acción.

No debemos considerarnos héroes, ni debemos creernos que estamos actuando con un espíritu quijotesco y que hemos salido a la calle para "enderezar entuertos", ni mucho menos. Si tenemos un poco de sangre en las venas resulta casi imposible concebir que podamos asistir impasibles a ese brutal ataque, y sin detenernos a considerar las posibles consecuencias que pudiera traer consigo nuestra defensa, es nuestro deber de hombre civilizado, consciente de nuestro papel en la sociedad en que convivimos, intervenir y salir en defensa de un semejante que está siendo lesionado por uno que no tiene derecho alguno a formar parte activa de nuestra sociedad, sino que, por el contrario, debe ser confinado a una prisión o reformatorio, con la esperanza de que pueda meditar sobre su reprobable actitud y, quizás, volver, ya arrepentido, a constituir un valor positivo en la comunidad.

Preguntas

1. ¿Qué opinión tiene usted de la persona que interviene ante un ataque injusto a un semejante?
2. ¿Conoce usted algún caso de ataque injusto, en que otra persona ha salido en defensa del atacado?
3. ¿Qué opina usted del individuo que ataca a otra persona indefensa, para robarle o abusar de ella?
4. ¿Qué entiende usted por "espíritu quijotesco"? ¿Conoce usted a Don Quijote? ¿Quién es?
5. ¿Cree usted que el atacante debe ser penado severamente, aun cuando apenas haya lesionado al atacado, a virtud de haber intervenido otra persona?

EL TESTIGO NO INTERVIENE

De muchos casos conocemos, principalmente aquí en los Estados Unidos, de personas testigos presenciales de ataques físicos a otros semejantes y que han visto impasibles como un indefenso anciano o una bella joven han sido asesinados por un malvado criminal, sin que estos testigos hayan hecho lo más mínimo para detener la injusta agresión, ni tan siquiera llamar a la policía.

¿Cómo explican estos testigos su pasiva actitud? ¿Qué dicen para justificar su abstención? Ante todo, manifiestan que los protagonistas son personas que ellos no conocen, que igualmente desconocen los motivos que hayan dado origen al ataque, y que, por lo tanto, es un asunto que no les concierne, que no es de ellos. En segundo lugar, no quieren intervenir en un hecho que puede producirles una lesión en su seguridad personal, pues podrían ser heridos o muertos por el atacante, y porque, en el mejor de los casos, esa intervención acarrearía en el futuro una serie de inconvenientes y trastornos, como sería su comparecencia y declaración ante las autoridades encargadas de investigar, juzgar y sancionar el delito cometido.

En resumen, no quieren en forma alguna verse envueltos en un incidente de esa naturaleza. El asunto o ataque no es contra ellos y, por lo tanto, no intervienen. Que sea la policía, o un pariente o familiar de la víctima quien intervenga.

El testigo, sin nexos inmediatos, proseguirá su camino o, simplemente, volverá a la cama donde dormía cuando fue despertado por los gritos de angustia y de terror producidos por la indefensa víctima; y, mientras tanto, el criminal terminará impunemente su infame tarea, ahogando en sangre y muerte el último clamor de la desafortunada persona.

Preguntas

1. ¿Qué opina usted de la persona que presencia impasible un ataque injusto a un semejante?

2. ¿Qué factores cree usted que influyen en un individuo para no intervenir en estos casos?

3. Si usted fuera testigo de un ataque injusto, ¿qué haría usted?

4. ¿Conoce usted algún caso en particular sobre este asunto, o ha presenciado usted alguna vez un ataque injusto a una persona?

5. ¿Por qué cree usted que en los Estados Unidos la mayor parte de las personas se abstienen de intervenir en estos casos?

VOCABULARIO

abstenerse no intervenir en algo
acarrear producir
acera camino pavimentado al lado de la calle para el paso de los peatones
alcance (el) disposición, capacidad
arrebatar quitar una cosa violentamente a alguien
arremeter acometer o atacar con ímpetu o violencia
arrepentirse sentir pena por una acción cometida o por una omisión
comparecencia acto de presentarse ante una autoridad legal o judicial
dar origen originar
enderezar entuertos corregir agravios o males, causados injustamente

envuelto complicado, mezclado, enredado, comprometido
impasible indiferente, insensible
impune sin castigo
lesionado herido, dañado
malhechor que comete un delito
malvado perverso, muy malo
nexo unión de una cosa con otra
patear golpear con los pies
pillo persona mala, pícaro, ladino
presenciar estar presente, ser testigo
quijotesco que procede en forma grave y presuntuosa
riesgo posibilidad de daño o peligro
trastorno lo que produce un cambio perjudicial o un detrimento

II. REPASO GRAMATICAL "AD HOC"

35. Diminutivos y Aumentativos

En el lenguaje diario y popular del español son muy usados tanto los diminutivos como los aumentativos. En general, puede afirmarse que todos los nombres son susceptibles de usarse en forma diminutiva o aumentativa. También los adjetivos y adverbios, en su mayoría, gozan de esta cualidad.

Las formas diminutivas no tan sólo sirven para expresar la idea de pequeño, sino también como demostración de afecto y cariño y, en algunos casos, pueden expresar desprecio, inferioridad o menoscabo. Estos diminutivos se forman con ciertos sufijos o terminaciones que se añaden al nombre, adjetivo o adverbio. La terminación de más uso es **ito** y su femenino **ita**. También son de uso común las terminaciones **cito, illo, ico** y **cillo**.

Véanse estos ejemplos de diminutivos con idea de pequeño:

La **niñita** fue secuestrada por el malhechor.
El **muchachito** gritó al ver que atacaban a su mamá.
El pobre **pajarillo** murió de una pedrada.
El criminal hirió gravemente al **viejecito**.

He aquí algunos ejemplos en los que se expresa cariño o afecto:

Vamos mi **hijito**, cómete la **comidita** y la **lechita**.
Mi **amorcito**, te quiero **muchito**, ven y dame un **besito**.
¡Qué **buenita** eres, hiciste todo el **trabajito** que te pedí!

Ejemplos de diminutivos que expresan desprecio, inferioridad:

Este **abogadito** (o **abogadillo**) se cree un Emilio Zola.
El **juececillo** condenó a los acusados.
Juan no es más que un **doctorcito** petulante.

En cuanto a los aumentativos, además de expresar la idea de grande, también pueden manifestar desprecio, insulto, menoscabo. Estos aumentativos se forman con ciertos sufijos o terminaciones. Los más corrientes son **ón** y su femenino **ona**; **acho, azo, ote,** y sus femeninos.
Ejemplos de aumentativos con la idea de grande:

Antonio tiene una **cabezota** más grande que el Edificio Empire State.
Ellos viven en una **casona**.
El **perrazo** mordió con furia al ladrón.
Pedro es un **hombrón** de seis pies y medio.

Ejemplos de aumentativos que expresan desprecio, etc.

Ese **ricacho** no le da nada a los pobres.
El hombre usó unas **palabrotas** tremendas.

Ejercicios

a) Haga uso de las formas diminutivas, haciendo los cambios necesarios, en las siguientes oraciones:

1. La **joven** fue golpeada brutalmente. 2. El testigo no ayudó a la **anciana**. 3. El atacante le arrebató el rejoj al **muchacho**. 4. La **casa** fue destruida por el fuego. 5. La **iglesia** fue saqueada por los pillos. 6. Mi **vida**, ten cuidado con los maleantes. 7. **Papá**, dame dinero para ir al cine. 8. El **maestro** no sabía lo que iba a decir. 9.

El **abogado** no supo defender al acusado. 10. El **jefe** creaba muchos problemas.

b) Haga uso de los aumentativos estudiados, en las siguientes oraciones:

1. Aquellas **manos** apretaron el cuello de la víctima. 2. La **mujer** medía casi siete pies de estatura. 3. Tenía unos **ojos** negros bellísimos. 4. La **muchacha** estaba robando en la tienda. 5. El criminal usaba unas **palabras** indecentes. 6. Aquel **libro** no servía para nada. 7. La **cara** de María es única. 8. El **hombre** tenía más miedo que un ratón. 9. El **gato** parecía un tigre. 10. El **muchacho** era adicto a las drogas.

CAPITULO CATORCE

I. TOPICO: EXPLORANDO EL ESPACIO

NO DEBEMOS CONTINUAR

Aunque me maravillé del gran espectáculo del primer descenso del hombre en la luna, y me alegré mucho de que el viaje lunar fuera un completo éxito, no podía dejar de reflexionar y sentir un poco de tristeza por todo el procedimiento. Los locutores de la televisión de vez en cuando dieron cifras de todo el costo de este viaje, lo que me hizo meditar en lo que habríamos alcanzado aquí en la tierra con los millones de dólares que costó el llegar a la luna. ¡Cuánta hambre habríamos podido satisfacer! ¡Cuánta pobreza habríamos podido borrar! ¡Cuántas vidas se habrían podido mejorar! ¡Cuántos grandes monumentos, museos, bibliotecas, escuelas, podríamos haber construído! ¡Quién sabe qué se podría haber hecho con estos dólares buscando la paz en este planeta, en vez de verla en otro!

Nave espacial. Foto cortesía de The Bettmann Archive.

Reflexioné que mientras los astronautas pisaban la superficie lunar en el Mar de la Tranquilidad, millones de hambrientos en este mundo pisaban su triste senda sufriendo los dolores de su infortunio. Mientras los astronautas regresaban a la tierra, yo sabía bien que los pobres de este mundo tendrían que continuar en su miserable vida, esperando tener mañana un poco más de comer.

Aunque el programa de exploración del universo que se está llevando a cabo pudiera continuar, creo que es más necesario e imprescindible que se intensifiquen y aumenten los programas y acciones para tratar los problemas que nos afligen aquí, en nuestro mundo. No podemos dejarlos sin resolver porque sabiendo que los hay, nos plagan como un fantasma, de tal forma que no nos permite disfrutar y compartir de los grandes acontecimientos como éste de aterrizar en la luna.

Sí, felicito a los astronautas y a los miembros de su equipo, pero todavía continúo sintiendo compasión por los pobres de este mundo.

Preguntas

1. Hasta el momento presente, ¿ha sido de alguna utilidad para nosotros la exploración del espacio? Explícate.

2. ¿Tienes una idea de lo que cuesta esta exploración?

3. ¿Debemos resolver primero nuestros problemas aquí en la tierra: hambre, desempleo, enfermedades, ignorancia, antes de invertir tanto dinero y esfuerzo en el programa espacial?

4. Si todavía no conocemos bien a nuestro planeta, ¿para qué tratar de conocer otros?

5. ¿Por qué no hay vida en la luna? Si es un astro muerto, ¿para qué tratar de conquistarlo?

6. ¿Se enfriará algún día el sol, que nos da calor y nos alumbra?

7. ¿Habrá vida en el planeta Marte?

8. ¿Sabes que es un "año de luz"?

SIGAMOS EXPLORANDO EL ESPACIO

¡Qué vista tan insuperable, tan gloriosa, tan excitante fue el momento de ver las primeras pisadas del hombre en la superficie lunar! Era como un sueño, una maravilla que nunca en mi vida pensé que fuera a suceder. Mi excitación era tanta que, como el Presidente y millones de personas en este mundo, me sentía (y todavía me siento) incapaz de describir mis verdaderos sentimientos. Después de reflexionar un poco, pensaba que podía ponerme en el lugar de un miembro de la tripulación de la "Santa María", cuando por primera vez se vio la tierra del Nuevo Mundo, pero inmediatamente me di cuenta de que el "alunizaje" en nuestro satélite era algo más que el descubrimiento de Colón y sus hombres, porque ellos no se enteraron, hasta pasado un tiempo, de lo que habían hecho, mientras nosotros sabíamos bien, desde el primer momento, la importancia de la proeza realizada por nuestros contemporáneos. La distinción descansa, pues, en el conocimiento de lo que pasó.

Antes del lanzamiento, y después de él, me asombré que había muchos que criticaban el programa espacial por su alto costo, alegando que mejor se podría emplear para resolver los problemas que nos rodean aquí. Aunque no quiero disminuir lo importante que es resolver los problemas del hambre, la pobreza y otros males que agobian al mundo, nunca podría imaginar que dejaran de continuar las exploraciones de otros planetas.

¿Qué es más natural en el hombre que su sentido de curiosidad, su afán de saber, su anhelo de conocimiento? Aun los pobres del mundo se alegraban de saber que uno de ellos, ¿no somos todos hombres?, había puesto sus pies en la luna, y que más tarde habían vuelto sanos y salvos a la tierra. Ellos también compartieron el triunfo y la gloria de esta misión, al igual que los españoles sintieron la grandeza del viaje de Colón en 1492. El éxito de los astronautas debía de haberles inspirado, haciéndoles ver que aun "lo imposible" se puede alcanzar.

Preguntas

1. ¿Qué impresión te produjo el primer viaje del hombre a la luna?
2. ¿Te gustaría ser un astronauta? ¿Por qué?
3. ¿Llegará el hombre a visitar los demás planetas de nuestro sistema solar?
4. A juicio tuyo, ¿qué acontecimiento ha sido más importante, el descubrimiento del Nuevo Mundo o el viaje a la luna?

5. ¿Qué aventura fue más peligrosa, el viaje de Colón a través de un océano desconocido, o el viaje de los astronautas a través del espacio?

6. ¿Sabes los nombres de los planetas que componen nuestro sistema solar?

7. ¿Cuán grande es el universo? ¿Es finito o infinito el universo?

8. ¿Te gusta la astronomía? ¿Por qué?

VOCABULARIO

acontecimento evento
afán (el) anhelo, fuerte deseo
afligir dar pena o problema
agobiar causar fatiga o pena
alcanzar realizar, lograr
alegar citar, defender con razones un punto o argumento
alunizaje (el) acción de descender a la luna
anhelo deseo fuerte, afán
asombrar causar gran admiración
aterrizaje (el) acción de descender a la tierra
borrar eliminar, quitar
cifra número
compartir dividir, participar en algo
darse cuenta de saber, enterarse
enterarse saber, darse cuenta de
equipo grupo de personas que juegan o trabajan juntos
excitante estimulante
excitación (la) acto de estimular
hambriento que siente hambre
imprescindible que no se puede omitir; necesario
infortunio mala suerte, mala fortuna
insuperable lo mejor posible, que no se puede exceder
lanzamiento acción de arrojar o tirar en el aire
locutor (el) persona que habla por radio o televisión
llevar a cabo realizar, lograr
maravillarse admirarse
pisada acción de poner el pie sobre algo
pisar poner el pie sobre algo
plagar hacer daño, causar calamidad
pobreza estado de pobre
proeza acción notable o valerosa
sano y salvo sin enfermedad, peligro o herida
senda camino
tripulación los que trabajan en un barco, avión o tren
vista panorama; lo que se ve

II. REPASO GRAMATICAL "AD HOC"

36. Las Exclamaciones

Una de las maneras de expresar exclamaciones en español es a través de algunos pronombres, conjunciones y adverbios. Los más comunes son: **quien, que, como, cuanto, cuando.** Al usarse estos vocablos en exclamaciones siempre llevan acento ortográfico en su escritura. Recuérdese igualmente, al escribir, usar los signos de exclamación: ¡ . . . . !

> ¡**Cuántas** vidas se habrían podido mejorar!
> ¡**Quién** sabe lo que se pudo haber hecho!
> ¡**Qué** vista tan insuperable!
> ¡**Cómo** me emocionó el descenso lunar!
> ¡**Cuándo** dejaremos las exploraciones del espacio!

Además de estos vocablos existen en español otra serie de palabras o expresiones llamadas interjecciones que se usan específicamente para expresar estados de emoción o ánimo. He aquí algunas de las más usuales: ¡Caramba!, ¡Arriba!, ¡Caracoles!, ¡Diantre!, ¡Dios mío!, ¡Diablos!, ¡Recórcholis!, ¡Viva!, ¡Hurra!, ¡Mejor así!, ¡Mejor que mejor!, ¡Hola!, ¡Qué gracia!

Ejercicio

Forme frases exclamativas con las que se dan a continuación, combinándolas con los vocablos que aparecen en paréntesis.

> Modelos: El Presidente de la República (¡**Viva**!)
> ¡**Viva** el Presidente de la República!
>
> María baila bien (¡**Qué**!)
> ¡**Qué** bien baila María!

1. El hambre podría evitarse. (¡Cuánta!) 2. Los astronautas son valientes. (¡Qué!) 3. Muchas vidas podrían mejorarse. (¡Cuántas!) 4. Llegaron a la luna. (¡Cómo!) 5. Sentí una gran emoción. (¡Qué!) 6. Grandes museos y bibliotecas podrían construirse. (¡Cuántos!) 7. Los astronautas arriesgaron sus vidas. (¡Caracoles!) 8. Las exploraciones espaciales. (¡Arriba!) 9. Le hubiera dicho a Julio Verne. (¡Quién!) 10. El pueblo se emocionó. (¡Cómo!)

37. Los Adjetivos Posesivos

Los adjetivos posesivos en español son **mi** o **mío, tu** o **tuyo, su** o **suyo, nuestro** y **vuestro.** Concuerdan en género y número con el nombre que modifican y no con el poseedor. Pueden usarse antes o después del nombre a que se refieren. Las formas **mi, tu** y **su** solamente se usan antes del nombre mientras que **mío, tuyo** y **suyo** se usan después.

En general, es más común el uso de los adjetivos posesivos antes del nombre.

> **Mi** excitación fue muy grande.
> **Nuestro** mundo es la tierra.
> **Tu** visión del porvenir es optimista.
> Los astronautas hicieron bien **sus** cálculos.

El uso de los adjetivos posesivos colocándolos después del nombre tiene más bien un motivo enfático, y todos ellos tienen formas femeninas y plurales que concuerdan con el nombre, como ya se ha dicho.

> El astronauta es amigo **mío**.
> La luna es el satélite **nuestro**.
> El infortunio **suyo** es enorme.
> Los contemporáneos **nuestros** han sido héroes.

También, en algunos casos, es posible usar esta forma antes o después del verbo ser.

> La gloria es **tuya**.   (o)   **Tuya** es la gloria.

Debido a que el posesivo **su** o **suyo** no determina con precisión al poseedor, pues puede referirse a él o a ellos, a ella o a ellas, a usted o a ustedes, en frases u oraciones aisladas en que el contexto no clarifica a quien se refiere, se usa entonces la frase preposicional **de él, de ella, de Juan, de los astronautas,** etc., en vez del adjetivo posesivo.

> El infortunio **suyo** es enorme. (de Pedro)
> El infortunio **de Pedro** es enorme.

Ejercicios

a) Cambie las siguientes oraciones, colocando los adjetivos posesivos antes del nombre:

> Modelo: El infortunio **tuyo** es grande.
>   **Tu** infortunio es grande.

1. El sentido de curiosidad **nuestro** es muy natural. 2. Los sentimientos **míos** son difíciles de describir. 3. La excitación **tuya** era extraordinaria. 4. Los pobres siguen con la miserable vida **suya**. 5. Los anhelos **nuestros** se vieron realizados. 6. Todo el mundo compartió la gloria **suya**. 7. Las aspiraciones **nuestras** son llegar a Marte. 8. El descubrimiento de Colón y los hombres **suyos** fue desconocido por ellos mismos.

9. La Santa María y la tripulación **suya** llegaron a América. 10. El coraje **suyo** hizo posible el triunfo.

b) Cambie el adjetivo posesivo usado en las siguientes oraciones, sustituyéndolo por la frase preposicional dada en paréntesis, a fin de clarificar quién es el poseedor:

Modelo: **Su** coraje hizo posible el triunfo (de los astronautas).
El coraje **de los astronautas** hizo posible el triunfo.

1. El entusiasmo suyo es contagioso. (de ella) 2. Su afán de saber es muy natural. (del hombre) 3. **Sus** hombres cooperaron en la empresa. (de Colón) 4. **Su** sentido de curiosidad es innato. (de usted) 5. El equipo **suyo** colaboró con entusiasmo. (de ellos) 6. Todo el mundo compartió **su** gloria. (de los americanos) 7. **Su** tripulación llegó a América. (de la Santa María) 8. No me gusta **su** miserable vida. (de los pobres) 9. **Su** equipo trabajó perfectamente. (de los astronautas) 10. **Su** alto costo es muy criticable. (del programa)

CAPITULO QUINCE

I. TOPICO: LOS ANUNCIOS

LA NECESIDAD

¿Por qué compramos? ¿Qué es lo que nos hace entregar nuestro dinero por cosa alguna? Pues creo que encontramos la respuesta en una palabra: NECESIDAD. Si nos hace falta algo, o lo necesitamos, lo compramos, aunque no tengamos suficientes fondos. ¿Necesidad? Sí, porque ¿cuándo compramos lo que realmente creemos que no necesitamos? A veces esta necesidad es creada por otros, haciéndonos creer que no nos dimos cuenta de que existía esta falta en nuestra vida.

Es esta creación de la necesidad el objetivo de la fértil y creadora imaginación de los propagandistas de las grandes agencias de la famosa Avenida de Madison. Es interesante analizar cómo lo hacen. Hay algunos productos que de veras compramos por necesidad, —por ejemplo, la mayoría de los alimentos que

Anuncio en cabina de teléfonos. Foto cortesía de Katherine Young/F. Lucas Sanson.

comemos cada día. Pero aun con éstos, ¿no somos estimulados a llevar a casa tantas cosas que en realidad deberíamos dejar en los estantes de las tiendas y los mercados? Pagamos por un paquete de dulces, o una caja de cereal, o dos latas de cóctel de frutas, pensando inconscientemente que así podemos llenar un pequeño vacío en la vida.

El automóvil que nos ha servido bien por tres años ya estamos sospechando que no ha de alcanzar el sencillo propósito de llevarnos al trabajo, porque acabamos de ver un anuncio que proclama el más reciente modelo, que tiene todo lo que le falta al nuestro: más potencia, mejores frenos, asientos más cómodos. Claro que tenemos que comprarlo por la necesidad de no sufrir tanto con el viejo.

En la televisión, ¿no vemos todos los productos que nos hacen falta? Con ellos nos hacemos más atractivos, más importantes, mejoramos nuestra situación social, resolvemos cualquier problema que nos aflija. ¿Necesidad? Sí, todo el mundo quiere vivir mejor y gozar de lo que hay. Y también, ¿qué hace girar al mundo? El amor, dicen los románticos; pero nosotros, los realistas, sabemos que son los negocios, el comercio.

Preguntas

1. ¿Qué entiendes por necesidad?
2. ¿Compras más por necesidad o por comodidad?
3. ¿Cuáles son algunas cosas que se compran por necesidad? ¿Y por comodidad?
4. ¿Cuánto efecto tienen los anuncios en tus hábitos de comprar?
5. ¿Crees que los propagandistas de la Avenida de Madison cambian la realidad a veces para hacer parecer mejor sus productos? ¿Puedes nombrar unos casos?
6. ¿Qué necesidad sientes o experimentas que aún no has podido satisfacer?

UN PLAN REALISTA DE PROPAGANDA

La empresa automovilística "Motores Superiores, S.A.", fabricantes del coche de lujo Flecha Roja, ha sufrido en los últimos años una baja en la venta de su producto. Culpando a la compañía comercial que preparaba sus anuncios y su campaña de propaganda, acaba de cambiar de compañía publicitaria para que se efectúen algunas modificaciones, con el fin de lograr un incremento notable en la venta del carro. Claro que no quieren quebrar. La nueva compañía publicitaria ha encargado a dos de sus ejecutivos, los señores Martín y Ponce, para que preparen, por separado, un plan de propaganda.

He aquí el plan del señor Martín:

Desqués de haber estudiado a la empresa fabricante del coche, al carro mismo, la situación actual, y las campañas comerciales de los años anteriores, estoy convencido de que debemos enfocar la atención de los posibles compradores, en el producto y sus muchas cualidades. Por eso recomiendo que en nuestros anuncios acentuemos la verdad, los hechos, los datos, en general, lo bueno del producto, basado en la realidad. Hay dos factores que debemos considerar, el producto y los futuros clientes. Primero el producto: como sabemos, es el mejor que se puede comprar de este tipo lujoso; es una mercancía concreta, real, que vale en sí misma.

Lo que tenemos que hacer es enterar al público de la realidad. Por ejemplo, el motor de este coche es el más fino de la industria. Recientes pruebas demuestran que a pesar de la gran fuerza que tiene el motor de este magnífico coche, el dueño puede esperar un considerable ahorro en gasolina y aceite. ¿Sabían ustedes que hay un Flecha Roja en el oeste que ha pasado ya los doce años, con más de cien mil millas y que todavía hace unas quince millas por galón y no consume más de un cuarto de aceite cada dos mil millas?

También me asombró saber que los muelles del carro cuestan dos veces más de lo que cuestan los de nuestro competidor. La cubierta de los asientos es la mejor de la industria; antes de ir a la agencia para su venta, se le somete al doble de las pruebas e inspecciones de las que realiza el competidor; el setenta y cinco por ciento de los poseedores de este automóvil vuelven a comprar otro Flecha Roja, después de afirmar con pruebas documentadas el buen servicio de que gozaron con el anterior.

Los dueños del coche quieren saber lo bueno de él, porque la mayoría de ellos son negociantes ejecutivos, hombres acomodados, que viven y trabajan en un mundo real. Por eso me declaro en favor de una intensa campaña de anuncios directos, con la pura verdad.

Preguntas

1. Cuando compras, ¿quieres conocer previamente datos y cualidades del producto? ¿Puedes citar algún caso específico?
2. Antes de hacer una compra bastante grande como un receptor de televisión o un carro, ¿tratas de leer y conocer las especificaciones y ventajas, y comparar entre las distintas marcas?
3. En general, ¿crees en la autenticidad de las cifras y los datos que se dan en los anuncios? ¿Te ha engañado alguna vez un anuncio?
4. En la mayor parte de los países europeos y en otros poco desarrollados, ¿el automóvil es una necesidad o un lujo?
5. ¿Cuál es tu coche favorito, y por qué?

UN PLAN ILUSORIO DE PROPAGANDA

Veamos el plan propuesto por el señor Ponce:

Lo que yo proyecto para Flecha Roja es una intensa campaña más llamativa. Estoy de acuerdo con mi colega que este coche es el mejor de su clase, pero esto no tiene nada que ver con la venta del producto. Nuestro objetivo es llamar la atención de los posibles compradores, de enterarlos de nuestra existencia.

Propongo que con mi campaña proyectada por la televisión, la radio, los periódicos y las revistas, captaremos la atención del público, cambiando la imagen del coche por una más emocionante. Nuestros clientes, por lo general, no quieren saber nada de cifras ni estadísticas. Se interesan más por mejorar su propia personalidad, es decir, por ser o aparecer algo más de lo que son. Tenemos que darles esta ilusión, darles a entender que nuestro carro les harán parecer a la vista de los demás, de sus amigos, de sus vecinos, de todo el mundo, mucho más de lo que son.

En mi campaña veremos anuncios llamativos, con bellas muchachas bien vestidas, con caballeros en trajes de etiqueta, para dar la ilusión de la elegancia y el prestigio. Siempre veremos nuestro carro corriendo en las carreteras del desierto o de las montañas, para dar la ilusión de velocidad. En otros anuncios la escena será un lugar elegante, como enfrente de un palacio o un famoso club de noche, porque esto es lo que vendemos: un símbolo de la buena vida. Fíjense, la mayoría de nuestros clientes son los jóvenes ejecutivos que desean el lujo, la comodidad, el prestigio y la elegancia de nuestro automóvil. Tienen un interés secundario en lo económico o la buena construcción del coche. Puedo ver en la televisión un anuncio típico ahora: una pareja muy elegante llegando al casino de Monte Carlo, en la Riviera Francesa; se oye la melodía de violines de una orquesta sinfónica. Nuestros clientes se podrán ver en la escena con su Flecha Roja.

Preguntas

1. ¿Cuál es el objetivo principal de las compañías publicitarias?
2. ¿Qué artículos se compran más por el prestigio que pueden llevar, que por su utilidad?
3. Cuando compras un aparato mecánico, ¿te interesa más su funcionamiento o su apariencia?
4. ¿Crees que el gobierno ha protegido más los intereses de los vendedores y las grandes compañías, que los intereses de los consumidores o el público en general?
5. En tu opinión, ¿qué autos son mejores, los americanos o los europeos? ¿Qué coche europeo te gusta más, y por qué?
6. ¿Qué plan de propaganda consideras más efectivo, el del Sr. Martín o el del Sr. Ponce? Explica tu criterio.

VOCABULARIO

a la vista en presencia de, que se puede ver

aceite (el) grasa vegetal; líquido grasoso del petróleo para lubricar motores

ahorrar reservar, guardar dinero; consumir poco de algo

alimento substancia que sirve para comer

asiento lugar o cosa donde uno se sienta

baja disminución, reducción

carretera autopista, camino

colega (el, la) el que tiene la misma profesión con respecto a otro

comodidad (la) conveniencia

comprador el que compra algo

cubierta cualquier material que se use para cubrir, por ejemplo, los asientos de los automóviles

culpar dar o atribuir la culpa o la responsabilidad a uno

dato hecho, detalle, circunstancia

demás (los, las) los otros, los (las) que quedan

efectuar hacer efectiva una cosa
ejecutivo oficial superior
empresa compañía, sociedad mercantil, comercial o industrial
encargar encomendar, tener la responsabilidad de algo
enfocar poner en claro la imagen de un objeto
engañar inducir a creer lo que no es
entregar dar
estante (el) (véase vocabulario español-inglés)
fijarse notar, imaginarse, prestar atención
freno dispositivo para moderar la velocidad o parar un vehículo
girar moverse circularmente
hacer falta ser necesario
hombre acomodado persona en buena posición económica
ilusorio lo que no es real
imagen (la) figura, representación

lata envase de metal para guardar un artículo o producto
lujo ostentación de riqueza, cosa rica de adorno
lujoso forma adjetival de "lujo"
llamativo que llama la atención
mercancía cosa que se vende o se compra
muelle (el) (véase vocabulario español-inglés)
potencia fuerza, poder
proponer manifestar o exponer una razón o idea para llevarla a cabo
propósito objetivo, finalidad
proyectar idear, pensar hacer una cosa
prueba examen, inspección
tener que ver tener relación con
vacío falta de contenido; espacio sin aire u otra materia
venta efecto de vender
vestido de etiqueta ropa formal: frac, chaqué

II. REPASO GRAMATICAL "AD HOC"

38. Algunos Usos de la Preposición DE

En español, la preposición **de** tiene muchos usos. Entre los que pueden presentar alguna dificultad para el estudiante, podemos ver los siguientes:

a) La preposición **de** puede indicar **posesión:**

El coche **de** Andrés
El televisor **de** mi hermano
La Compañía **de** los Sres. Martín y Ponce

b) La preposición **de** puede indicar **contenido:**

Un caja **de** cereales
Una lata **de** peras

Una botella **de** cerveza
Un galón **de** gasolina

c) La preposición **de** puede indicar **materia** de lo que están hechas las cosas:

Un motor **de** aluminio
Los asientos son **de** piel
El techo **de** vinyl

d) La preposición **de,** seguida de un **nombre,** puede sustituir a un adjetivo:

Un coche **de** lujo = Un coche **lujoso**
Un traje **de** verano = Un traje **veraniego**
Un club **de** noche = Un club **nocturno**

El estudiante debe tener presente que el adjetivo se usa mucho más en inglés que en español. En inglés es posible usar un nombre o un gerundio como adjetivo, lo que en español no es aceptable. Cuando en inglés, por ejemplo, se dice *"buying power"*, en la que *buying* tiene función de adjetivo, en español decimos **poder de compra,** usando, como se ve, el nombre **compra** precedido de la preposición **de.** Para la expresión inglesa *"the food prices"* diremos en español **los precios de los alimentos;** para *"stock market"*, por ejemplo, diremos en español **mercado de valores.**

Ejercicios

a) Forme frases con las siguientes palabras, indicando posesión, a través del uso de la preposición **de**:

 Modelo: Carlos, coche
  El coche **de** Carlos

1. Mi padre, televisor. 2. Presidente, casa. 3. Mustang, Pedro. 4. Vestido, Elena. 5. Cámara, mi hijo. 6. Niño, pelota. 7. Mi primo, motocicleta. 8. Maestro, libro. 9. Rockefeller, dinero. 10. Cabaret, Joe.

b) Forme frases con las siguientes palabras, para indicar materia, haciendo uso de la preposición **de**:

 Modelo: Una bicicleta, metal
  Una bicicleta **de** metal

1. El reloj, oro. 2. Madera, las puertas. 3. Unos muelles, acero. 4. Porcelana, las

bujías. 5. Vinyl, un techo. 6. Plástico, el timón. 7. Las ruedas, goma. 8. Platino, los puntos. 9. La pintura, aceite. 10. Una copa, cristal.

c) Cambie las siguientes frases, sustituyendo el adjetivo por un nombre, haciendo uso de la preposición de:

> Modelo: Un coche lujoso
> Un coche de lujo

1. Un club famoso. 2. Un cabaret distinguido. 3. Una compañía publicitaria. 4, Un plan ilusorio. 5. Motores superiores. 6. Un ejecutivo inteligente. 7. Un vendedor valeroso. 8. Un coche potente. 9. La ciudad maravillosa. 10. La atención pública.

d) Forme frases con las siguientes palabras, para indicar contenido, haciendo uso de la preposición de:

> Modelo: Caramelos, paquete
> Un paquete de caramelos

1. Vaso, agua. 2. Gasolina, galón. 3. Lata, aceite. 4. Botella, vino. 5. Cartucho, papas. 6. Barril, cerveza. 7. Saco, cebollas. 8. Jarro, café. 9. Pomo, perfume. 10. Litro, leche. 11. Plato, sopa. 12. Cazuela, frijoles. 13. Fuente, papas fritas. 14. Latón, basura.

39. ACABAR DE + Infinitivo

El verbo **acabar** significa "terminar" o "dejar algo completamente hecho". Cuando este verbo se usa en tiempo presente seguido de la preposición **de,** más un verbo en infinitivo, quiere decir que lo expresado por dicho verbo en infinitivo ha ocurrido inmediatamente antes del momento en que se está hablando. Esta misma idea se expresa en inglés con la forma *to have just* + *p.p.* Por ejemplo, en la expresión inglesa *he has just written a letter,* estamos expresando que la acción de escribir ha ocurrido inmediatamente antes del momento en que se habla. En español, pues, diremos, para expresar la misma idea, que **él acaba de escribir una carta.** Cuando se usa esta forma en el tiempo imperfecto, con una cláusula subordinada en el pretérito, expresa que la acción expuesta a través del verbo en infinitivo se completó inmediatamente antes del momento en que se produjo lo dicho en la cláusula subordinada.

Acabo de comprar un coche del '71.
Acababa de comprar un carro cuando llegaste a la agencia.

Ejercicio

Conteste las siguientes preguntas, usando la forma **acabar de** + **infinitivo** y la frase o palabra dada en paréntesis, de acuerdo con el modelo:

¿A quién llamas por teléfono? (profesor)
Acabo de llamar por teléfono al profesor.

1. ¿Qué tomas para ese dolor de cabeza? (aspirina) 2. ¿Qué comprabas cuando te vi ayer? (un barril de cerveza) 3. ¿Qué programa ves por televisión? (de noticias) 4. ¿Qué libro estás leyendo? ("Lo que el viento se llevó") 5. ¿Qué escribías cuando te llamaron por teléfono? (un poema) 6. ¿Qué estudiaban cuando llegamos nosotros? (español) 7. ¿Qué jugabas cuando tocaron a la puerta? (ajedrez) 8. ¿Qué vendió el agente al momento de cerrar la tienda? (una lavadora eléctrica) 9. ¿Qué oyeron ustedes cuando llegó la policía? (varios tiros) 10. ¿Qué tocan ustedes? (un tango)

TERCER JUEGO

I. VUELOS DE FANTASIA

Siempre es interesante ponernos en el lugar de otra persona, o imaginarnos en otras circunstancias que no son las verdaderas.

En este juego discutamos los siguientes vuelos de fantasía para ver qué haríamos si estuviéramos en otro lugar o nos encontráramos en otra situación.

Piensa en las siguientes suposiciones y prepara una, o tal vez varias respuestas, que pudieran ser serias o cómicas o de ambas clases. Puede ser de ventaja hacer los ejercicios de la sección "ad hoc" para repasar las formas necesarias. Con cada una de las suposiciones se dan dos o tres posibles alternativas que no tienen otro objeto que sugerirte una respuesta o una orientación.

1. ¿Qué harías si heredaras un millón de dólares?

   ¿Qué comprarías?

   ¿Harías un viaje?

   ¿Darías parte de tu fortuna a los pobres?

2. ¿Dónde irías a vivir si tuvieras que salir de este país?

¿Querrías vivir en un país muy distinto al tuyo?

¿Tratarías de no salir?

3. ¿Cómo reaccionarías si te dijeran que morirías dentro de un año?

¿Cambiarías mucho tu modo de vivir?

¿Serías más religioso?

¿Buscarías a otro médico?

4. Si pudieras, ¿qué grave problema mundial resolverías?

¿Querrías mejorar los problemas sociales?

¿Tratarías de solucionar los económicos?

¿Buscarías medios de conseguir la paz?

5. ¿Cuál sería tu primer acto oficial si te eligieran presidente mañana?

¿Romperías relaciones diplomáticas con la Unión Soviética?

¿Te retirarías como miembro de las Naciones Unidas?

¿Nombrarías a tu padre Secretario de Estado?

6. ¿Qué querrías llevar contigo, si hubieras naufragado en una isla desierta?

¿Una buena provisión de cerveza?

¿Una bonita compañera o un apuesto joven?

¿Un aparato transmisor de radio?

7. ¿Con qué persona famosa del pasado o del presente te gustaría casarte si fuera posible?

¿Con Raquel Welch?

¿Con Tom Jones?

¿Con Sophia Loren?

8. Si hubieras sido el presidente Truman, ¿habrías lanzado la primera bomba atómica en Japón en 1945?

¿La habrías lanzado?

¿No la habrías lanzado?

¿Habrías esperado más tiempo hasta ver si se rendían los japoneses?

9. Si hubieras estado en el lugar de Poncio Pilatos, ¿cómo habrías decidido el caso de Jesucristo?

¿Lo habrías dejado en libertad?

¿Lo habrías condenado a prisión?

¿Habrías hecho lo mismo que hizo Pilatos?

10. Si te dieran la oportunidad de pasar el día con una persona famosa de la actualidad, ¿quién sería y qué discutirías con él o ella?

¿Sería con el presidente de los Estados Unidos, y discutirías los problemas fundamentales del país?

¿Sería con Jackie Gleason y discutirías los programas de televisión?

II. REPASO GRAMATICAL "AD HOC"

40. El Tiempo Condicional o Potencial

El tiempo condicional o potencial sirve para expresar una acción teórica o una que está basada en una hipótesis. Así, pues, este tiempo verbal indica una posibilidad, suposición, condición o acción potencial, no real o verdadera. En inglés corresponde a *would* normalmente.

Para formar este tiempo se añaden las siguientes terminaciones al infinitivo:

Yo no le hablaría.	Nunca trabajaríamos allí.
Tú lo venderías.	Vosotros, ¿tendríais tiempo?
¿Viviría usted en esa casa?	Y ustedes, ¿cómo lo terminarían.
El no se levantaría temprano.	Ellos no irían con nosotros.
Seguro que ella lo compraría.	Ellas lo dejarían en casa.

Hay algunos verbos que no toman el infinitivo sino una raíz especial. Estos verbos son los mismos que aparecen en la página 16, donde se trata del tiempo futuro simple, y las raíces son las mismas para ambos tiempos, condicional y futuro.

Ejercicio

Cambie las siguientes oraciones al tiempo condicional:

Modelo: Juan no llega temprano.
Juan no **llegaría** temprano.

1. Marta se casa con Enrique. 2. Me acuesto ahora mismo. 3. ¿Me lo escribes? 4. Deben salir. 5. ¿Se van? 6. ¿Lo prefieren? 7. Ella no lo cambia. 8. ¿Ustedes lo hacen? 9. ¿Están contentos? 10. Son las tres y media. 11. Yo no digo nada. 12. No puede saberlo. 13. No venimos sin boletos. 14. ¿Cuándo sales? 15. No quiero verlo. 16. ¿Cuánto vale? 17. Hay más tiempo. 18. ¿Lo buscas? 19. No sabe nada. 20. Nunca lo ponen aquí.

41. El Condicional Perfecto

El condicional perfecto se forma del condicional de **haber** y el participio pasivo del verbo de que se trate.

Yo no lo **habría hecho**.
Tú lo **habrías conocido**.
Y usted, ¿lo **habría comenzado**?

José no te lo **habría dicho.**
Luisa nunca **habría sido** tan puntual.
No se lo **habríamos dado** a él.
Vosotros **habríais hablado.**
Ustedes nunca lo **habrían descubierto.**
Ellos no nos **habrían visto** tan fácilmente.
Ellas se **habrían vestido** más formalmente.

Ejercicio

Cambie las siguientes oraciones al condicional perfecto:

Modelo: Yo no lo compraría.
Yo no lo **habría comprado.**

1. Ellos no lo venderían.   2. ¿Vivirías tú allí?   3. Olga saldría sin comer.   4. Yo no se lo diría.   5. Usted lo haría mejor.   6. Ellos me lo darían.   7. Estaríamos más contentos con otro modelo.   8. El no iría sin verlo.   9. ¿Lo abrirías tú?   10. Ustedes no lo sabrían.

42. El Imperfecto del Subjuntivo

El imperfecto del subjuntivo es el tiempo pasado simple del modo subjuntivo. Para formar este tiempo se suprime la terminación **on** de la forma correspondiente a la tercera persona plural del pretérito de indicativo del verbo de que se trate, y se añaden las terminaciones **-a, -as, -a, -amos, -ais, -an,** a las correspondientes personas, singular y plural.

El no quería que yo le **hablara.** (hablaron)
Ellos lo hicieron sin que tú lo **vieras.** (vieron)
Me alegraba que usted lo **tuviera.** (tuvieron)
Lástima que él no lo **cerrara.** (cerraron)
Temía que ella lo **vendiera.** (vendieron)
Es imposible que nosotros se lo **diéramos.** (dieron)
Me daba pena que vosotros lo **perdierais.** (perdieron)
¿Había otras que lo **comprendieran?** (comprendieron)
Les sugerí que Vds. lo **hicieran** mejor. (hicieron)

Ejercicio

Cambie al pasado las siguientes oraciones:

Modelo: Quiero que él lo sepa.
Quería que él lo **supiera.**

1. Recomiendo que se lo digas. 2. Es posible que lo tengamos. 3. Duda que yo se
lo dé. 4. No hay otra decisión que sea más difícil. 5. No hay quien te lo haga. 6.
No puedo encontrar ninguna solución que me guste. 7. ¿Quieres que lo abramos?
8. Es difícil que él te lo consiga. 9. Me alegro que ellos estén también. 10. No quiero
decir que él no lo entienda.

43. Fantasía e Hipótesis

En español, como en inglés, es agradable especular o imaginarnos
en cierta situación no verdadera. Para expresar esta fantasía o irrealidad en español tenemos que hacer uso del condicional (o condicional
perfecto) y del imperfecto (o pluscuamperfecto) del subjuntivo.

> Si Mario fuera presidente, atacaría a Cuba y China al mismo tiempo.
> (Claro que Mario no es presidente, y nunca tendrá esa oportunidad de
>   atacar)
> Si yo tuviera un carro, podría ir.
> (Pero no tengo carro, de modo que no puedo ir)
> Si Rusia hubiera sabido de la riqueza de Alaska, no la habría vendido
> (En este caso Rusia no sabía de la riqueza)
> Los elefantes volarían, si hubieran nacido con alas.
> (Aquí la realidad es que los elefantes no nacieron con alas; de ahí que se
>   use el subjuntivo en la cláusula que expresa la irrealidad)

La posición relativa de las dos cláusulas importa muy poco. Lo
que es importante es que después de la palabra si usemos el subjuntivo,
y en la otra cláusula que indica el resultado empleemos el condicional.

> Si él lo supiera te lo diría.
> Te lo diría si él lo supiera.

Ejercicio

Conteste las siguientes preguntas, afirmativa o negativamente, según usted estime
procedente:

> Modelos: ¿Vendrías si pudieras?
>   No, no vendría si pudiera.
>   Si hubieras tenido el poder militar, ¿habrías atacado?
>   Sí, si hubiera tenido el poder militar, habría atacado.

1. ¿Estarías en casa si no tuvieras que estar aquí en clase? 2. Si residieras en Chile,
¿te gustaría el gobierno socialista? 3. ¿Querrías ser famoso, si fuera posible? 4.
¿Comprarías un elefante, si vivieras en Africa? 5. Si yo te lo mandara, ¿abrirías la
puerta? 6. ¿Te casarías si no estuvieras enamorado? 7. Si tus padres hablaran

francés, ¿estudiarías español? 8. Si no estuvieras contento aquí, ¿irías a vivir a otro lugar? 9. Si tuvieras que servir en las fuerzas militares, ¿saldrías para otro país? 10. ¿Matarías a alguien, si estuviera robando tu casa? 11. Si hubieras vivido en Alemania en 1940, ¿habrías sido un nazi? 12. ¿Habrías ido con Colón, si hubieras vivido en España en 1492? 13. ¿Habrías dado la bienvenida a los comunistas, si hubieras estado en Polonia en 1945? 14. Si no hubieras nacido aquí, en qué país habrías querido nacer? 15. Si no hubieras traído este libro a clase, ¿habrías usado otro?

CAPITULO DIECISEIS

I. TOPICO: LA CENSURA

APOYO LA CENSURA

Aunque básicamente estaría en contra del concepto de la censura, veo en ella algo esencial en cualquier sociedad: la necesidad de proteger al público de la mentira, del libelo, de la indecencia. El objetivo de la censura no es el de sofocar ni coaccionar al verdadero artista, científico o periodista que trata de buscar la verdad y formas nuevas de expresión, sino el de prohibir la obra de los artistas falsos, de los pseudocientíficos, de los vendedores de la suciedad y la pornografía, de los que abusan y se aprovechan de la sociedad.

¿No es que tenemos regulaciones y leyes en cualquier nación, aun la más democrática y libre? Claro que las tenemos, porque son necesarias para el orden público y la protección del ciudadano medio. Tenemos leyes civiles, federales, estatales, municipales y

Librería para adultos. Foto cortesía de The New York Times.

más fundamentalmente, leyes morales y naturales, porque sólo con ellas se puede tener una vida más o menos tranquila y ordenada. Sin ellas lo que nos espera es la confusión y el libertinaje, que trae como resultado que el bien común se deteriore, se debilite, se vea en peligro.

Sin duda que ha habido regímenes opresivos que han abusado del poder de la censura, pero lógicamente que lo útil y necesario no se debe eliminar por el hecho de que unos cuantos hagan un mal uso de ello. La misma libertad, el don más preciado del hombre, ¿no abusan muchos de ella? ¿Por eso vamos a eliminarla? Naturalmente que no.

Un ejemplo de esta eliminación de la censura lo tenemos en Dinamarca, donde se ha abolido por completo, lo que ha traído como consecuencia una proliferación de "literatura" que podríamos considerar pornográfica, así como ilustraciones, fotografías y películas en las que se presenta la sexualidad en todas las manifestaciones imaginables. En los Estados Unidos, en estos últimos tiempos, ha aumentado considerablemente también esta clase de producción, aunque existe cierta censura y se trata de controlar su distribución. ¡Pero hay que ver los escaparates de algunas tiendas de Nueva York, Los Angeles, Chicago y otras principales ciudades, cómo exhiben esa clase de "literatura"!

Claro que la censura es una medida de excepción y, como tal, debe ser aplicada con mucho tacto y prudencia; pero no hay dudas que es necesaria para proteger a la sociedad de los desmanes y las insolencias de unos cuantos malintencionados e irresponsables.

Preguntas

1. ¿Es la censura una medida necesaria? ¿Por qué?
2. ¿Qué objetivos puede lograr una censura bien dirigida y orientada?
3. ¿Qué peligros ve usted en la censura?
4. ¿Existe la censura en los Estados Unidos? En caso afirmativo, ¿qué alcance tiene la censura en esta nación?
5. Ultimamente en los Estados Unidos ha crecido la llamada "literatura pornográfica". ¿Está usted de acuerdo en que debe existir censura para este material?
6. ¿Qué entiende usted por pornografía?

NO CENSURA

En mi opinión la palabra censura quiere decir "falta de libertad", la falta de libertad de expresión para el periodista, para el escritor, para el artista, lo que es, en suma, la supresión de la verdad o la realidad. ¿No me creen? Pues, ¿cuál es el objetivo de la censura sino el de anular a los que tienen el derecho de expresar lo que quieren decir? No me hablen de la protección o la vigilancia del público, porque ésa es la misma razón que dieron las autoridades de la Santa Inquisición, las de policía de Hitler, de Stalin, y de todos los gobiernos autocráticos de la historia. "¡Oh, sí! Son sentimientos nobles para proteger al público de Galileo, de Zola, de Jefferson, de los escritores capitalistas, de las ideas democráticas, de nuevas formas artísticas, de los frutos de las imaginaciones más fértiles que ha producido este mundo", —comentaba irónicamente un amigo mío cuando conversábamos sobre este asunto.

Lo que resulta de todo ello es la supresión de estas grandes facultades creadoras, suprimidas por hombres y fuerzas opresivas que, precisamente, carecen de lo que quieren amordazar: el poder intelectual de saber la verdad o el anhelo de buscarla. Para ellos la fuerza física o legal (muchas veces mal ganada) reemplaza la imaginación, el arte, la ciencia y la verdad. Pasándose por "los perros guardianes" de la sociedad, tratan de conformar a los que buscan sendas nuevas.

Todo el mundo tiene que ser del mismo molde, tiene que creer las mismas creencias, tiene que obedecer al mismo líder de turno, poniéndose como pretexto la seguridad del estado, de la iglesia, del comunismo, del fascismo, del patriotismo, o tal vez de la democracia. ¿Qué libertad hay? Pues, la "libertad" de seguir lo que dice el gobierno, o el dictador, o la iglesia. Si uno no quiere conformarse puede ser que su suerte sea la de un Galileo o la de un Sócrates. ¡Qué horror!

Después de años de investigaciones científicas, de labor incansable, de búsquedas interminables, un genio alcanza por fin un hecho, un pequeño grano de la realidad, y su premio es la persecución, que a veces le hace contradecir aquello por lo cual ha dedicado toda una vida. No creo que haya peor consecuencia para el que busca la verdad.

Preguntas

1. En un sentido amplio y general, ¿qué es la censura?
2. ¿Qué consecuencias trae consigo la censura?
3. ¿Qué es la censura de prensa?
4. En Dinamarca se ha abolido por completo la censura, por lo que la pornografía se ha legalizado, ¿Cree usted que esta medida es buena o mala? Explíquese.
5. ¿Las películas que son clasificadas "X", deben ser vistas por menores de dieciocho años?
6. ¿Qué creen ustedes de esta clase de películas?

VOCABULARIO

amordazar callar, imponer silencio
anular cancelar, borrar
aprovecharse emplear útilmente alguna cosa
búsqueda busca, investigación
carecer no tener, faltar
coaccionar forzar, obligar
contradecir decir lo contrario, negar
desmán (el) exceso
don (el) talento especial, habilidad natural
en suma en resumen
escaparate (el) ventana o cristal de una tienda que muestra lo que se vende
estatal de un estado

funesto fatal
genio hombre de gran inteligencia
hecho acción, obra, realidad
incansable incapaz de cansar
libelo escrito en que se difama a alguien
libertinaje (el) libertad sin límites
medida medio, recurso
medio (*adj.*) común, ordinario
mentira irrealidad, lo contrario de la verdad
ordenado en orden, organizado
premio remuneración, ganancia
reemplazar sustituir
sofocar impedir, dominar
suprimido omitido, prohibido

II. REPASO GRAMATICAL "AD HOC"

44. Los Grados de Comparación de los Adjetivos

Los grados de comparación son de igualdad, de desigualdad y superlativo.

Para comparar los adjetivos en un grado de igualdad se usan en español los vocablos **tan** y **como**.

La censura es **tan** funesta **como** el libertinaje.
Las leyes estatales son **tan** importantes **como** las federales.

Para comparar los adjetivos en un grado de desigualdad se usan en español los vocablos **más** o **menos** (según la desigualdad sea de superioridad o de inferioridad) y **que**. El vocablo de se usa en lugar de que cuando el adjetivo es un número.

La imaginación de los europeos es **más** fértil **que** la de los americanos.
La censura en Inglaterra es **menos** fuerte **que** en los Estados Unidos.
En Dinamarca hay **más de cien** revistas pornográficas.

El grado de comparación superlativo se forma con los vocablos **más** o **menos** (según se indique superioridad o inferioridad) precedido por el artículo definido y seguido, regularmente, por el vocablo de.

El gobierno de Dinamarca es **el más** liberal **de** Europa.
Yugoeslavia es **el país menos** tiránico **de** las naciones comunistas.

Ejercicios

a) Cambie las siguientes oraciones, expresando grado de igualdad:

Modelo: La censura y el libertinaje son funestos.
La censura es **tan** funesta **como** el libertinaje.

1. Los artistas y los científicos son útiles a la sociedad. 2. Los artistas falsos y los pseudocientíficos son nocivos. 3. La protección del público y los derechos individuales son importantes. 4. Las ciudades y los pueblos están amenazados por la pornografía. 5. La literatura y la fotografía pornográficas son peligrosas. 6. Los gobiernos de Inglaterra y Francia están preocupados. 7. Los desmanes y las insolencias son terribles. 8. La falta de libertad y la censura son indeseables. 9. La verdad y la libertad son importantes. 10. El fascismo y el comunismo son antidemocráticos.

b) Cambie las oraciones de la letra (a), expresando un grado de desigualdad inferior:

Modelo: La censura y el libertinaje son funestos.
La censura es **menos** funesta **que** el libertinaje.

c) Cambie las oraciones de la letra (a), expresando un grado de desigualdad superior:

Modelo: La censura y el libertinaje son funestos.
La censura es **más** funesta **que** el libertinaje.

d) Cambie las siguientes oraciones, expresando un grado de comparación superlativo, primero de superioridad y después de inferioridad, y usando como elemento de comparación el vocablo o la expresión dada en paréntesis:

Modelo: Dinamarca es un país democrático (Europa)
Dinamarca es **el** país **más** democrático de Europa.
Dinamarca es **el** país **menos** democrático de Europa.

1. La censura es enemiga. (libertad)   2. Las leyes federales son importantes. (nación)
3. La literatura pornográfica es nociva. (publicaciones)   4. Nueva York es una ciudad viciosa. (mundo)   5. La dictadura comunista es feroz. (dictaduras)   6. La fuerza moral es necesaria. (todas)   7. Las creencias religiosas son buenas. (todas)   8. El poder intelectual es fuerte. (poderes)

CAPITULO DIECISIETE

I. TOPICO: LAS NACIONES UNIDAS

ELIMINEMOSLA

La Organización de las Naciones Unidas sufrirá la misma suerte que tuvo la Liga de las Naciones: la de fracasar ignominiosamente. La razón es sencilla. Es, como dicen los chinos, "un tigre de papel", es decir, parece fuerte, pero en realidad es debilísima. Su fracaso se debe, principalmente, al hecho de que no tiene fuerzas armadas y, como bien sabemos, la palabra sólo es eficaz hasta cierto punto.

Muchas veces no hay otro recurso sino el de actuar. Las Naciones Unidas puede actuar, pero sus remedios no son muy eficaces. Sus sanciones económicas y morales no detuvieron a Corea del Norte en su invasión de Corea del Sur, ni prohibieron a los ejércitos chinos a que cruzaran el río Yalú, para ayudar a las fuerzas comunistas que habían sido obligadas a abandonar la

La O. N. U. Foto cortesía de la Organización de Naciones Unidas.

ofensiva. ¿Qué ha hecho este organismo en Vietnam, en Nigeria, en Berlín, en Jordania, y en tantos otros lugares de conflicto? Poco, porque falta la fuerza dinámica que debe tener para resolver el conflicto. Muchos dicen que la guerra de Corea fue uno de los grandes éxitos de las Naciones Unidas, pero ¿qué habría pasado si no hubiera sido por los Estados Unidos y su ejército? El éxito se produjo, sencillamente, por la determinación de los Estados Unidos y su fuerte resistencia a la agresión comunista. Igualmente, otros dicen que las Naciones Unidas representa el mejor medio de alcanzar la paz, pero en eso soy muy pesimista, y no veo bien guardar la falsa ilusión de que un día se obtenga la paz a través de las Naciones Unidas.

Las naciones democráticas y las comunistas no pueden vivir juntas, y por eso, con o sin las Naciones Unidas, tendrá que haber un conflicto entre los dos sistemas. Y no me digan que ese organismo es un lugar donde se puede hablar con el enemigo, porque siempre ha habido canales diplomáticos por los cuales cualquier país se puede poner en contacto con otro. Asimismo, las demás agencias de beneficencia, que son parte de este cuerpo, pueden existir independientemente y continuar sus buenas obras.

En verdad, no quiero confiar más en esta "fortaleza de papel", porque para mí es mantener la ilusión, y no la esperanza, de una paz estable.

Preguntas

1. ¿Cuándo se creó la Organización de las Naciones Unidas? ¿Cuál es su sede, o dónde radica?
2. ¿Logrará la ONU evitar otra nueva guerra mundial?
3. ¿Crees que se logre la coexistencia pacífica entre los países comunistas y los democráticos?
4. ¿Por qué se opusieron los Estados Unidos y otros países a la admisión de la China Roja en las Naciones Unidas?
5. ¿Cuál es, a tu juicio, el punto fuerte de las Naciones Unidas?
6. ¿Sugieres alguna fórmula para mejorar la efectividad de esta Organización?

MANTENGAMOS LAS NACIONES UNIDAS

Muchos la llaman una sociedad para debates, pero creemos que un nombre más apropiado sería el de "la única esperanza para la paz mundial". Tal vez no sea la única esperanza, pero nos parece la mejor que tenemos. Sí, con las Naciones Unidas, si no hay la seguridad de conseguir la paz, al menos podemos, —nosotras, las naciones del mundo,— hacer todo lo posible para que de veras se haga la paz. La otra alternativa es no tener tal organización. Pero, ¿para qué liquidarla? Claro que es mejor tenerla, y trabajar con ella para la paz, que no tenerla, y vivir sin esperanza alguna. Pero basta de lógica.

Las Naciones Unidas ha alcanzado mucho en su corta existencia. Primero, es un lugar donde cualquier nación puede mostrar a las otras sus intenciones, sus objetivos, sus temores, en realidad todo lo suyo. No vamos a negar que a veces va a mentir, tratando de engañar a las demás; pero por sus acciones vamos a conocerlas, y por las Naciones Unidas sabremos si se puede confiar en esa nación. Así, todos los países asociados se exponen a los otros, de modo que pronto se conocen a los mentirosos, los engañadores y a los que de veras no buscan ni quieren la paz.

Siendo un cuerpo donde las naciones se comunican unas con otras, es el lugar que da a cualquier miembro la oportunidad de explicar su posición oficial, como hicieron, por ejemplo, Israel y Egipto en 1967, durante la "Guerra de los Seis Días". Pero, además de detener la agresión comunista en Corea y "matar por palabra" otras posibles guerras, no olvidemos que esta Organización también ha hecho mucho con sus otras agencias, como la UNICEF (Fondo Internacional de las Naciones Unidas para el Socorro a la Infancia), y la UNESCO (Organización de las Naciones Unidas para la Educación, la Ciencia y la Cultura), que han contribuído tanto en cuestiones económicas, agrarias, científicas y médicas. ¡Quién sabe a cuántos pobres ha ayudado en su miseria!

¿Acabar con las Naciones Unidas? Nunca, mientras nos deje abierta la puerta por la cual podamos lograr la pacífica convivencia de todas las naciones del orbe.

Preguntas

1. ¿Has visitado el edificio de las Naciones Unidas? ¿Qué impresión te produjo?
2. Hasta la hora presente, ¿la labor de las Naciones Unidas ha sido productiva o ineficaz?
3. La guerra de Corea, ¿fue un triunfo de las Naciones Unidas o del ejército americano?
4. ¿Por qué dicen los chinos comunistas que la ONU es un "tigre de papel"?
5. ¿Cuál es el punto débil de las Naciones Unidas?
6. ¿Consideras a las Naciones Unidas como la única esperanza para la paz mundial, o crees que en definitiva fracasará como la antigua Liga de las Naciones?

VOCABULARIO

agrario relativo a la agricultura
conducir dirigir
confiar depositar, tener fe y esperanza
convivencia acción de convivir o cohabitar
eficaz efectivo, activo
engañador el que dice mentira haciendo creer que es verdad
fracasar no salir bien en algo
fracaso mal fin o resultado
guardar conservar, retener
ignominiosamente con ignominia o desgracia pública

lograr alcanzar, realizar
medio modo
mejorar poner mejor una cosa
mentir (ie, i) no decir la verdad
mentiroso uno que miente o que no dice la verdad
mostrar (ue) enseñar, exhibir
obra cualquier cosa (acción) producida por un agente
orbe (el) mundo
radicar estar en cierto lugar
recurso medio, modo
sede (la) domicilio principal de un organismo o corporación

II. REPASO GRAMATICAL "AD HOC"

45. El Pretérito Indefinido y el Pretérito Imperfecto

Ya sabemos que en español existen dos tiempos pasados simples en el modo indicativo: el pretérito indefinido y el pretérito imperfecto, más conocidos con los nombres de **pretérito** e **imperfecto,** respectivamente.

El **pretérito** expresa, en general, una acción pasada que se considera terminada y completa; mientras que el **imperfecto** expresa una acción pasada, con un sentido de continuidad.

La gran mayoría de los verbos españoles son regulares en el tiempo pretérito del indicativo. Tomemos como ejemplos estos tres verbos:

AMAR	BEBER	VIVIR
amé	bebí	viví
amaste	bebiste	viviste
amó	bebió	vivió
amamos	bebimos	vivimos
amasteis	bebisteis	vivisteis
amaron	bebieron	vivieron

Como puede observarse, las terminaciones para los verbos **-ar** son: **-é, -aste, -ó, -amos, -asteis** y **-aron**; y para los verbos **-er** e **-ir** son: **-í, -iste, -ió, -imos, -isteis** y **-ieron**.

Lo difícil es recordar los irregulares en el pretérito que, aunque no son muchos, tampoco son muy pocos. Aun cuando, en general, estos verbos irregulares siguen un patrón fijo en cuanto a sus terminaciones, es preciso conocer la raíz de cada uno de estos verbos en el pretérito. Las terminaciones para estos verbos son: **-e, -iste, -o, -imos, -isteis** y **-ieron**.

Una vez conocida la raíz de cada uno de estos verbos en el pretérito, se le agregan las terminaciones indicadas. He aquí tres ejemplos:

ANDAR	CABER	CONDUCIR
anduve	cupe	conduje
anduviste	cupiste	condujiste
anduvo	cupo	condujo
anduvimos	cupimos	condujimos
anduvisteis	cupisteis	condujisteis
anduvieron	cupieron	condujeron*

Hay tres verbos irregulares en el pretérito de indicativo que no siguen este patrón. Son los verbos **ser, ir** y **dar**. Hay que aprenderlos de memoria.

*Cuando la última consonante de la raíz de estos verbos es **j**, como en el caso de **conducir,** cuya raíz es **conduj,** la terminación para la tercera persona del plural es **eron** en vez de **ieron.**

SER	IR	DAR
fui	fui	di
fuiste	fuiste	diste
fue	fue	dio
fuimos	fuimos	dimos
fuisteis	fuisteis	disteis
fueron	fueron	dieron

Como puede apreciarse, los verbos **ser** e **ir** tienen la misma forma en el pretérito de indicativo. El contexto evita toda duda o ambigüedad.

También debemos recordar que los verbos de terminación **-ir,** que sufren cambio en su raíz en el tiempo presente de indicativo, como por ejemplo, **pedir, morir** y **seguir,** en el pretérito este cambio sólo se produce en la tercera persona, singular y plural. En cuanto a sus terminaciones estos verbos son regulares.

PEDIR	MORIR	SEGUIR
pedí	morí	seguí
pediste	moriste	seguiste
pidió	murió	siguió
pedimos	morimos	seguimos
pedisteis	moristeis	seguisteis
pidieron	murieron	siguieron

Otros verbos de la misma categoría son: **advertir, concebir, consentir, convertir, divertir, dormir, impedir, mentir, repetir, sentir** y **servir.**

Lista de los más comunes verbos irregulares en el pretérito de indicativo

VERBO	RAÍZ (pretérito)	CONJUGACIÓN
andar	anduv	anduve, anduviste, anduvo, etc.
caber	cup	cupe, cupiste, cupo, etc.
conducir	conduj	conduje, condujiste, condujo, -imos, -isteis, -eron
decir	dij	dije, dijiste, dijo, -imos, -isteis, -eron
deducir	deduj	deduje, dedujiste, dedujo, -imos, -isteis, -eron
detener	detuv	detuve, detuviste, detuvo, etc.
estar	estuv	estuve, estuviste, estuvo, etc.
hacer	hic	hice, hiciste, hizo*, -imos, -isteis, -ieron
inducir	induj	induje, indujiste, indujo, -imos, -isteis, -eron
intervenir	intervin	intervine, interviniste, intervino, etc.
introducir	introduj	introduje, introdujiste, introdujo, -imos, -isteis, -eron

poder	pud	pude, pudiste, pudo, etc.
poner	pus	puse, pusiste, puso, etc.
producir	produj	produje, produjiste, produjo, -imos, -isteis, -eron
querer	quis	quise, quisiste, quiso, etc.
reducir	reduj	reduje, redujiste, redujo, -imos, -isteis, -eron
rehacer	rehic	rehice, rehiciste, rehizo*, -imos, -isteis, -ieron
reproducir	reproduj	reproduje, reprodujiste, reprodujo, -imos, -isteis, -eron
retener	retuv	retuve, retuviste, retuvo, etc.
saber	sup	supe, supiste, supo, etc.
tener	tuv	tuve, tuviste, tuvo, etc.
traducir	traduj	traduje, tradujiste, tradujo, -imos, -isteis, -eron
traer	traj	traje, trajiste, trajo, -imos, -isteis, eron
venir	vin	vine, viniste, vino, etc.

46. El Imperfecto de Indicativo

La forma del imperfecto de indicativo de los verbos españoles no presenta dificultad, ya que todos son regulares, con la excepción de sólo tres verbos: **ser, ir** y **ver**. He aquí sus formas en el imperfecto:

SER	IR	VER
era	iba	veía
eras	ibas	veías
era	iba	veía
éramos	íbamos	veíamos
erais	ibais	veíais
eran	iban	veían

Para los demás verbos, todos regulares en el imperfecto de indicativo, he aquí sus formas:

AMAR	COMER	DORMIR
amaba	comía	dormía
amabas	comías	dormías
amaba	comía	dormía
amábamos	comíamos	dormíamos
amabais	comíais	dormíais
amaban	comían	dormían

Obsérvese, pues, que las terminaciones para los verbos **-ar** son: **-aba, -abas, -aba, -ábamos, -abais,** y **-aban.** Para los verbos **-er** e **-ir,** las terminaciones son: **-ía, -ías, -ía, -íamos, -íais** y **-ían.**

*Cambia la **c** en **z,** a fin de mantener el sonido suave de la **c** antes de **o.**

Ejercicios

a) Cambie al pretérito de indicativo las siguientes oraciones:

1. La Organización de las Naciones Unidas **sufrirá** la misma suerte que la Liga de las Naciones. 2. La razón **es** sencilla. 3. Como **dicen** los chinos: **es** un tigre de papel. 4. Su fracaso se debe a que no **tiene** fuerzas armadas. 5. Sus sanciones no **detienen** la agresión comunista. 6. Tampoco **prohiben** la invasión de los pueblos indefensos. 7. ¿Qué **ha hecho** este organismo en Vietnam? 8. Le **falta** la fuerza dinámica que **debe** tener. 9. El éxito en Corea se **produce** por la resistencia de los Estados Unidos. 10. Muchos **dicen** que la ONU no **sirve** para nada. 11. Las democracias y los comunistas no **pueden** vivir juntos y por eso **habrá** un conflicto entre ellos. 12. No **queremos** confiar más en la fortaleza de papel.

b) Cambie las oraciones de la letra (a) al imperfecto de indicativo.

c) Conteste las siguientes preguntas, con oración completa:

1. ¿Fuiste ayer al edificio de las Naciones Unidas? 2. ¿Hiciste bien en no cooperar con los chinos comunistas? 3. ¿Estuvo de acuerdo el Congreso de los Estados Unidos con la inclusión de la China Roja en la ONU? 4. ¿Por qué se produjo el fracaso de la Liga de las Naciones? 5. ¿Intervino usted en la discusión? 6. ¿Supiste que renunció el Secretario de la ONU? 7. ¿Pude convencerlos a ustedes? 8. ¿Quién condujo el debate ayer? 9. ¿Pudieron los Estados Unidos detener la agresión? 10. ¿Tradujeron el discurso del delegado ruso? 11. ¿Cuántos años tenía de fundada la Liga de las Naciones en el momento en que fue disuelta? 12. ¿Qué decían los chinos acerca de la ONU? 13. ¿Quién era el Secretario de la ONU durante la guerra de Corea? 14. ¿Querían ustedes que los coreanos del norte ganaran la guerra? 15. ¿Qué hacían los delegados rusos en la asamblea de la ONU durante la crisis del Medio Oriente?

CAPITULO DIECIOCHO

I. TOPICO: LA MARIGUANA

DEBE LEGALIZARSE

La mariguana es un tema tan emocionante que los hechos se confunden en un tumulto de verbosidad apasionada. Primero, sabemos que la mariguana viene de una planta que crece silvestremente en un buen número de países. Hace siglos se dice que aun el hombre primitivo conocía esta hierba, pero lo más importante y menos sabido es que físicamente no puede uno enviciarse a ella.

Si queremos discutir este tópico sabiamente tenemos primero que aislar la mariguana de las otras drogas que pueden producir una dependencia física. Hasta ahora no hay ninguna evidencia médica que haya probado los adversos efectos permanentes de ella, ni otra que haya demostrado que la mariguana pertenece a las otras drogas más fuertes como la heroína, la cocaína, la morfina o el opio.

Fumadores de mariguana.   Foto cortesía de John Pitkin.

Los efectos de la mariguana son iguales a los del alcohol o el tabaco, de modo que produce una euforia que dura tanto como una borrachera. Además, con un par de fumadas se puede llegar a este estado de regocijo, sin tener que tomar tantos tragos de un licor u otra clase de bebida alcohólica.

Pero, ¿no ven aquí la hipocresía? Es imposible que en nuestra sociedad tan avanzada prohibamos que se fume la mariguana y al mismo tiempo permitamos el consumo del alcohol que ha producido tantas desgracias. Francamente, niego que la mariguana sea tan peligrosa como el alcohol y, además, es insensato que se prohiba su uso, como fue el caso de las bedidas alcohólicas en los Estados Unidos hace ya bastantes años. Quedó debidamente demostrado que la prohibición de las bebidas alcohólicas fue un fracaso en su totalidad. Ya hemos visto que el tráfico de la mariguana continuará en contra de la ley o con ella. ¿No es mejor que se haga legalmente, eliminando así la influencia del bajo mundo en su venta?

Si se afirma que la mariguana fue usada por todos los adictos a las otras drogas, también se podría decir que estos mismos adictos bebían leche, pero esto no quiere significar que la leche les haya hecho a ellos esclavos de los narcóticos.

No seamos hipócritas, ¿para qué discriminar en contra de la mariguana y permitir el consumo de las bebidas embriagantes que han causado tanta miseria en el mundo?

Preguntas

1. ¿Por qué están tantos en contra de la legalización de la mariguana?
2. ¿En qué sentido somos hipócritas en cuanto a la mariguana y el alcohol?
3. ¿Es el uso de la mariguana un crimen? ¿Conoces si hay países donde es legal?
4. ¿Qué beneficios podemos conseguir con la legalización de la mariguana? ¿Vale la pena que se legalicen los otros narcóticos?
5. ¿Cómo se vende y se compra la mariguana? ¿Es fácil obtenerla?

NO DEBEMOS LEGALIZARLA

Ya hace unos cuantos años que se oye tanto sobre la legalización de la droga o narcótico llamado popularmente mariguana.

Voy a hablar muy claramente sobre este asunto porque no quiero que me entiendan mal. Estoy firmemente opuesto a que se legalice la compra y venta de la mariguana.

Pero amigos, es imposible que no veamos el tremendo peligro y la mortífera amenaza que es este movimiento actual de querer legalizar las drogas, de permitir que se venda toda clase de pornografía, y en general de dejar que toda especie de libertinaje prospere y crezca hasta el día que haya debilitado a la juventud del país. Pero aunque todos estos males están envueltos con la mariguana, hablaré específicamente sobre este punto.

Primero, no veo ninguna necesidad por la cual hacer legal este narcótico. No nos trae ningún beneficio físico, intelectual o social. Es simplemente un vicio que nubla los sentidos, produciendo alucinaciones muy parecidas a una pesadilla. Si eso se llama un beneficio pues tal vez tenemos que aclarar lo que es un beneficio.

Pero si fuera sencillamente un vicio sin consecuencias no sería imprescindible que se discutiera más, pero la realidad es muy distinta. Bien se sabe que la mariguana conduce al adicto, poco a poco, a las drogas más peligrosas como la LSD, la heroína, la cocaína, la morfina y el opio, las cuales seguramente se apoderan de uno, haciéndole dependiente o esclavo de ellas.

¡Legalizar la mariguana! Y después, ¿qué propondrían? ¿Legalizar también la prostitución, el juego, la pornografía, los robos y los otros narcóticos?

Preguntas

1. ¿Qué sabes de la historia o el cultivo de la mariguana?
2. ¿Crees que la mariguana, en efecto, haya debilitado a la juventud de este país? Explica tu criterio.
3. ¿Es verdad que la mariguana, poco a poco, le conduce a uno a otras drogas?
4. ¿Has probado la mariguana, o conoces a alguien que la haya probado?
5. ¿Está envuelta la mariguana con los otros males de hoy, como el gran número de crímenes, la prostitución, la pornografía y la desmoralización general del país?

VOCABULARIO

aislar separar
amenaza acción de hacer temer a otro un daño
bajo mundo medio ambiente en que viven los viciosos y criminales en general
borrachera acción y efecto de beber con exceso bebidas alcohólicas
compra y venta acción y efecto de comprar y vender
debilitar hacer menos fuerte
embriagante turbado o influído por el alcohol
enviciarse convertirse en adicto a algo
envuelto mezclado, relacionado

euforia estado de alegría
fumada acción de aspirar el humo del tabaco
hecho acción, obra, realidad
juego actividad por la cual se puede ganar o perder
mortífero que produce la muerte
nublar obscurecer
pesadilla ensueño o ilusión angustiosa
regocijo alegría
silvestremente sin cultivar, espontáneamente
trago porción de líquido que se bebe de una vez
venta acción de vender

II. REPASO GRAMATICAL "AD HOC"

47. El Pretérito Perfecto del Subjuntivo

El pretérito perfecto del subjuntivo, cuando es necesario su uso en cláusulas subordinadas, indica que la acción es del pasado reciente. Se forma con el presente de subjuntivo del verbo **haber** y el **participio pasivo** del verbo de que se trate.

> Es imposible que yo te lo **haya dicho.**
> Es difícil creer que tú no te **hayas enterado.**
> Niego que él lo **haya tomado.**
> No es verdad que **hayamos probado** la heroína.
> Es increíble que **hayas fumado** la mariguana.
> Me alegro que no **hayan legalizado** el opio.

Ejercicios

a) Cambie las siguientes oraciones, sustituyendo las personas con las que se dan en paréntesis:

> Modelo: Niego que **haya** sido **él** (ellos–tú)
> Niego que **hayan** sido **ellos.**
> Niego que **hayas** sido **tú.**

1. Es imposible que ellos lo hayan hecho. (tú–ella)   2. Se alegra de que hayamos venido. (yo–tú)   3. Es lástima que no lo hayas terminado. (nosotros–usted)   4. Es increíble que lo haya discutido con él. (ellos–tú)   5. Dudo que ella haya salido. (ellos–él)   6. Es irónico que no la hayan legalizado. (el Congreso–nosotros)   7. Temo que ellos lo hayan visto. (tú–nosotros)   8. ¿Crees que él haya vuelto a casa? (ellos–María)   9. Es difícil creer que ellos no lo hayan mejorado. (nosotros–el Presidente)   10. Siento que ella no haya podido asistir también. (ustedes–ellos)

b) Cambie las siguientes oraciones de presente del subjuntivo en el pretérito perfecto del subjuntivo:

Modelo: Es imposible que lo **sepan**.
Es imposible que lo **hayan sabido**.

1. Es difícil que se legalice.   2. Temen que lo prueben.   3. Me alegro de que se aclare.   4. ¿Es posible que él diga eso?   5. O'Leary niega que la LSD produzca mal efecto.   6. Es lástima que no se vea el peligro.   7. No hay nadie que quiera probarla.   8. Es increíble que nadie pueda discutirlo con calma.   9. ¿Niegas que tenga serias consecuencias?   10. No quiero decir que se mejore la situación actual.

48.   Uso de HACE en Expresiones de Tiempo

Hace . . . que es una expresión que indica cuánto tiempo ha pasado entre el principio de una acción o estado y el presente. En este caso el verbo que sigue a dicha expresión es normalmente del tiempo presente porque la acción o estado continúa hoy.

Hace siglos **que se conoce** la mariguana.
Hace muchos años **que** las drogas **son** una amenaza.
Hace veinte años **que tratamos** de resolver este conflicto.

Hace . . . que también sirve para decirnos cuánto tiempo ha pasado entre una acción o estado en el pasado y hoy. Como la acción o el estado se terminó y no continúa hoy, el pretérito se prefiere.

Hace media hora **que** ella **entró** en clase.
Hace treinta y un años **que se resolvió** el problema.
Comenzó sus investigaciones **hace** siete años.

Ejercicio

Conteste las siguientes preguntas con oración completa:

1. ¿Cuánto tiempo hace que la mariguana es un problema aquí?   2. ¿Cuántos años hace que se conocen los efectos de la LSD?   3. ¿Cuántos años hace que se promulgó la Ley de Prohibición de bebidas alcohólicas en los Estados Unidos?   4. ¿Cuántos años hace que legalizaron las drogas en Inglaterra?   5. ¿Cuánto hace que se terminó la

guerra en Corea? 6. ¿Hace muchos años que empezaste tu carrera universitaria? 7. ¿Cuánto hace que existe el problema de los narcóticos en las escuelas? 8. ¿Cuántos años hace que los "hippies" popularizaron la mariguana? 9. Cuánto tiempo hace que te levantaste? 10. ¿Cuánto tiempo hace que haces este ejercicio?

49. El Subjuntivo con Verbos y Expresiones que Indican Imposibilidad o Irrealidad

El subjuntivo normalmente sigue a los verbos y expresiones de imposibilidad o de irrealidad.

Es imposible que no se vea el peligro.
Los expertos niegan que la mariguana sea peligrosa.
No es verdad que la mariguana traiga algún beneficio.

Ejercicios

a) Cambie las siguientes oraciones del presente al pasado:

Modelo: Es imposible que no se **conozca** en Europa.
Era (fue) imposible que no se **conociera** en Europa.

1. No es verdad que ellos lo prueben. 2. Es imposible que se haga allí también. 3. No es posible que se legalice. 4. Niego que tengamos el mismo problema. 5. No es verdad que produzcan un beneficio. 6. Es imposible que veas las consecuencias. 7. Niego que aquí se fume. 8. No es posible que se llame otra cosa. 9. Niega que todo lo entiendan. 10. Negamos que resulte en la dependencia total.

b) Cambie las siguientes ideas de la realidad a la irrealidad, usando como introducción **Niego que...** :

Modelo: **Es** malo.
Niego que **sea** malo.

1. Se pueden comprar aquí. 2. El público sabe. 3. Se ven las dificultades. 4. O'Leary tiene razón. 5. La juventud se debilita. 6. La planta crece silvestremente. 7. Hay otros peligros más serios. 8. No nos damos cuenta de sus efectos. 9. Le hace a uno adicto. 10. Desmoraliza a los jóvenes.

c) Cambie las siguientes ideas de la realidad a la irrealidad, usando como introducción **Es imposible que...** :

Modelo: Se **discute** tanto.
Es imposible que se **discuta** tanto.

1. Están confusos. 2. Es la realidad. 3. Uno se envicia. 4. Trae peligros graves. 5. Quieren legalizarla. 6. Los médicos dicen que no. 7. La policía no puede controlarlo. 8. Te gusta la idea. 9. La ley no prohibe su uso. 10. La venta sigue.

d) Cambie las siguientes ideas de la realidad a la irrealidad, usando como introducción **No fue verdad que...** :

Modelo: La **vendían** abiertamente.
No fue verdad que la **vendieran** abiertamente.

1. Los "hippies" tenían razón. 2. O'Leary fue el líder. 3. Se conocía en México.
4. Los indios no se daban cuenta. 5. Ellos vieron los peligros. 6. Se compraba en
las calles. 7. Los jóvenes la probaron. 8. Los comunistas se metieron en el tráfico de
la mariguana. 9. La policía no quería pararlo. 10. No dijeron nada.

CAPITULO DIECINUEVE

I. TOPICO: LA BELLEZA

LA HECHA POR EL HOMBRE

Aunque admiro en toda la extensión de la palabra las maravillas de la naturaleza, me impresionan más lo que hemos hecho nosotros, los hombres. En mi opinión, es mucho más emocionante ver las creaciones del hombre, pensadas, inventadas y contruídas por él, aprovechándose de sus propias fuerzas y habilidades.

Veo en los frutos del genio creador del hombre un testimonio de la grandeza de la vida y de los seres humanos, que tratan de expresarse por su labor. Por ejemplo, me da escalofríos ver un rascacielos como el Edificio Empire State o tal vez las pirámides de Egipto o de México, que dicen, sin hablar, que hay gloria en la vida si nosotros queremos trabajar y usar las capacidades y talentos que Dios nos dio.

Belleza natural. Foto cortesía de Colorado Department of Public Relations.

179

¿No pueden ver ustedes la lucha del hombre contra los obstáculos naturales? Por ejemplo, hay un ancho y hondo río que tenemos que atravesar, pero ¿cómo? ¿Nadar? Hay algunos que no pueden y, además, en el invierno es algo muy incómodo. Por eso, empleando nuestra inteligencia natural, o fabricamos un barco o construímos un puente. Sin destrozar la belleza natural del río, el puente añade el elemento humano al panorama, un fuerte símbolo del hombre y lo que puede hacer.

Las carreteras, los rascacielos, los aviones, los barcos, las ciudades, las máquinas, en fin, todas las invenciones del hombre son para mí la expresión de la grandeza de la creación, reflejada en la obra de la humanidad.

Preguntas

1. ¿Qué sentimientos produce la belleza en el hombre?
2. ¿Cómo determinas tú si una cosa es bella o no?
3. En tu opinión, ¿hay más belleza en las obras del hombre o en las obras de la naturaleza?
4. ¿Cuál es la obra más bella creada por el hombre?
5. ¿Hay belleza, digamos, en el Edificio Empire State o en una máquina computadora?
6. ¿Conoces las siete maravillas del mundo antiguo? ¿Son bellas? ¿Cuál es la octava maravilla del mundo?

LA BELLEZA NATURAL

Si quieres hablar de la verdadera belleza, ¿qué se puede comparar con la de la naturaleza, la creación de Dios? Contemplando las maravillas naturales podemos apreciar de veras lo bello, porque por ellas vemos más directamente la obra de Dios, sin la intervención del hombre. ¿Quién es el autor de la naturaleza? Pues, la obra del autor tiene que ser mejor que la de un hombre, un imitador.

¿Qué hemos hecho nosotros que podamos comparar con un árbol, una flor, un cielo azul, una anchurosa playa de blanca arena, acariciada por el suave oleaje de un mar esmeralda? ¿Qué rascacielos hay que se compare con la majestad de una montaña cubierta de nieve perpetua? ¿Quién se atrevería a decir que hay un puente que supere en grandeza al cañón que atraviesa? Ninguno, porque no hay ciudad que rivalice con la enormidad de un bosque o de una selva, o que sea más vasta que los candentes desiertos o los apacibles llanos.

Por más que haga el hombre, está destinado a fracasar si quiere superar a Dios. Al fin, la gloria natural culmina en la obra más perfecta del Ser Supremo, el hombre mismo. ¿Hemos hecho nosotros algo que haya superado la belleza, la perfección, la gracia del hombre? Fijémonos y comparemos el cerebro de un hombre con el de una computadora. Nos maravillamos de la máquina, pero el cerebro de un hombre tiene la misma función y, por lo general, lo puede hacer mejor. A fin de cuentas, fue el hombre quien creó la máquina. Y, para finalizar, ¿han visto alguna vez una creación más bella y más perfecta que una mujer hermosa?

Preguntas

1. ¿Qué podemos entender por belleza?
2. ¿Cuáles son los atributos de la belleza?
3. ¿Lo que es bello para unos, es bello para todos?
4. ¿Cuál es la obra más bella creada por la naturaleza?
5. ¿Qué es la naturaleza?
6. ¿Podríamos considerar que el hombre es un rival de la naturaleza en cuanto a creación de belleza?

VOCABULARIO

acariciado tocado muy suavemente
a fin de cuentas después de todo, al final
anchuroso muy ancho o amplio
apacible tranquilo y agradable
aprovecharse emplear útilmente alguna cosa
atreverse osar, intentar hacer algo difícil

candente extremadamente caliente
careta máscara, algo con que se cubre la cara
cerebro (véase vocabulario español inglés)
creador capaz de crear o inventar
culminar terminar
destrozar destruir, romper
de veras sin duda, con verdad

escalofrío sensación física de sen-   oleaje (el) sucesión continuada de
tir frío y calor al mismo tiempo   las olas
esmeralda piedra preciosa de color   superar exceder, hacer más de lo
verde   normal
llano plano

II. REPASO GRAMATICAL "AD HOC"

50. La Forma Impersonal HAY

Hay es la forma impersonal, especial, de la tercera persona singular del verbo haber, en el tiempo presente de indicativo. Se usa
siempre en singular, aunque el objeto sea plural. Da la idea de
existencia. En los demás tiempos se usa la forma regular: hubo, para
el pretérito; había, para el imperfecto; habrá, para el futuro, etc. En
inglés no existe una forma similar, con un solo vocablo, para estos
casos. Es necesario hacer uso del verbo *to be* y del adverbio *there: there
is, there are,* etc.

> Hay un puente sobre la bahía de San Francisco.
> No, hay dos puentes sobre esa bahía.
> Hay muchas ciudades importantes en Europa.
> Había muchas obras de arte en ese museo.
> Hubo gloria en la obra de los griegos.

Esta forma impersonal hay, seguida de que, más un verbo en
infinitivo, significa obligación o necesidad.

> Hay que admirar la naturaleza.
> Hubo que construir un puente.
> Había que pasar el río.

Ejercicio

Conteste, con oración completa, las siguientes preguntas:

1. ¿Cuántas maravillas hay en el mundo antiguo? 2. ¿Hay alguna ciudad en los Estados
Unidos más grande que Los Angeles? 3. ¿Dónde hay más belleza, en una tempestad
o en una puesta de sol? 4. ¿Hubo buenos pintores americanos en el siglo pasado?
5. ¿Hay belleza en una máquina computadora? 6. ¿Cuándo hubo más bellezas arquitectónicas: en el Renacimiento o en la Edad Media? 7. ¿Crees tú que hay que ser
poeta para entender la poesía? 8. ¿Hay gloria en la vida de los hombres? 9. ¿Hay

alguien aquí que no sepa nadar? 10. ¿Habrá que construir más carreteras en los Estados Unidos? 11. ¿Hay más bellezas naturales que artificiales? 12. ¿Había mucha inteligencia en el hombre primitivo? 13. ¿Hay algún puente que supere en belleza al Gran Cañón del Colorado? 14. ¿Hay que dar solución a la contaminación de las aguas? 15. En el futuro, ¿habrá que usar caretas contra el aire contaminado para poder respirar? 16. ¿Hay alguna selva más grande que la selva del Amazonas? 17. ¿Qué famoso desierto hay en Africa? 18. ¿Hay pirámides en las Américas? 19. En la Florida, ¿hay montañas? 20. ¿Dónde hay más perfección, en la obra de Dios o en la obra del hombre?

CAPITULO VEINTE

I. TOPICO: LA PAZ Y LA GUERRA

LA PAZ

¿Logrará el hombre, algún día, alcanzar y establecer la paz sobre la faz de la tierra? En todos los tiempos, en todas las épocas, se han realizado grandes esfuerzos por los hombres llamados pacifistas, a fin de obtener ese gran anhelo, esa gloriosa meta, que parece inalcanzable. Instituciones laicas con fines de paz laboran diariamente con ese propósito. Todas las religiones del mundo abogan por la paz, y en general, salvo contadas excepciones, todos los gobiernos dicen querer la paz.

Sin embargo, a pesar de esto, la realidad es que el mundo ha vivido muchos más períodos de guerra que de paz, y aun en estos pequeños lapsos de paz, ésta se ha visto constantemente amenazada por el espectro de la guerra. No hay dudas que el hombre se afana por obtener una paz duradera. Ejemplos podemos citar de estos

Estatua a Iwo Jima. Foto cortesía de Ralph E. Prouty.

esfuerzos: las Naciones Unidas es una organización mundial cuyo objetivo principal y casi único es la preservación de la paz. Los Estados Unidos han creado esa bella y ejemplar institución llamada Cuerpo de Paz que realiza una labor de acercamiento, ayuda y entendimiento entre todos los pueblos y que, como su nombre lo indica, es eminentemente pacifista.

Aun cuando la meta parece estar muy lejos, y son muchos los obstáculos que, desgraciadamente, se interponen para alcanzarla, la humanidad siempre vive con la esperanza de que algún día se logre la ansiada paz.

Preguntas

1. ¿Por qué no se ha logrado nunca la paz entre los hombres?
2. ¿Se ha progresado algo en los intentos de paz?
3. ¿Conoces alguna religión que no sea amante de la paz?
4. ¿Qué idea tienes del Cuerpo de Paz de los Estados Unidos?
5. ¿Logrará las Naciones Unidas establecer la paz en el mundo?
6. ¿Conoces algún período en la historia de la humanidad en el cual haya habido paz?

LA GUERRA

Guerra. Guerra. Guerra. Siempre guerra. Matándonos los unos a los otros. El peor y más feroz enemigo del hombre es el hombre mismo. Y las guerras, ¿son una necesidad, producto de la misma convivencia humana? Siempre ha habido guerras. ¿Quiénes y qué provocan las guerras entre naciones, entre hombres de un mismo pueblo? Guerras internacionales, guerras civiles, —peores aun que las primeras.

Hay quienes hablan de guerras justas, de guerras santas, de guerras necesarias. Este tema de la guerra es quizás uno de los más difíciles de tratar, de analizar, de argumentar, debido a que se presta a las más disímiles opiniones, todas las cuales pueden tener una gran parte de razón, de verdad.

¿Qué análisis podemos hacer, en términos generales, de la guerra? Pudiéramos considerar, en primer lugar, que en toda guerra siempre hay, por lo menos, dos bandos, grupos o naciones que luchan unos contra los otros. Uno es el agresor, el otro es el agredido. Igualmente se considera por ambos que la razón o que una causa justa los acompaña, no importa si se es el agresor o el agredido. Tomemos por ejemplo cualquier guerra, digamos, la Segunda Guerra Mundial. Hitler y, posiblemente, el pueblo alemán de buena fe, creyeron que la guerra por ellos iniciada era una guerra justa, necesaria, a fin de resolver cuestiones vitales para ellos, y por eso no vacilaron en atacar a las naciones vecinas; éstas, creyéndose injustamente agredidas, se aprestaron a la defensa de sus territorios.

Otro ejemplo, mucho más reciente, es la crisis del Medio Oriente. Ambas naciones, Egipto e Israel, creen que la razón está de su parte. Y así, todas las guerras. Y así, igualmente, vemos como el hombre se interesa, cada día, por inventar nuevas armas, más potentes, más destructivas: cohetes dirigidos, aviones de bombardeo, buques de guerra como los portaaviones, acorazados y cruceros, tanques, cañones, ametralladoras, rifles automáticos, napalm, todo esto sin contar las bombas de energía nuclear que constituyen una terrible amenaza para la humanidad.

Preguntas

1. ¿Estima usted que la guerra es una necesidad social? Explíquese.
2. ¿Podrá acabarse con las guerras en el futuro?
3. ¿Qué remedios aconseja usted para acabar con las guerras?
4. ¿Cree usted que las guerras antiguas eran más feroces, destructoras y crueles que las guerras modernas?
5. ¿Qué opina usted de los armamentos? ¿Qué armas son más mortíferas, las antiguas o las modernas?
6. En su opinión, ¿quiénes son los principales culpables de que existan guerras?

VOCABULARIO

a pesar de contra la voluntad o deseo de alguien

abogar defender

acercamiento acción de acercarse o de poner a menor distancia

acorazado buque o barco de guerra muy grande

afanar trabajar fuertemente para un objetivo

agredido el que es objeto de un ataque

alcanzar lograr, tener éxito

amenazar dar alguna indicación de un ataque o peligro

ametralladora arma automática que dispara muy rápido

ansiado deseado, querido

aprestar usar lo necessario para algún objetivo

aún todavía

cohete (**el**) proyectil lleno de explosivos que se lanza en el aire

crucero buque o barco de guerra bastante grande

disímil diferente, distinto

ejemplar que sirve de ejemplo o modelo

faz (**la**) cara, rostro, superficie

inalcanzable que no se puede obtener

interponer interpolar, poner una cosa entre otras

laico no religioso

meta fin, objetivo

mortífero que puede causar la muerte

portaaviones (**el**) buque de guerra que lleva aviones y puede lanzarlos al aire

prestar dar

salvo excepto

sin embargo no obstante, que no sirve de impedimento

vacilar hesitar

II. REPASO GRAMATICAL "AD HOC"

51. Los Adjetivos Calificativos en Español

En general, los adjetivos calificativos en español concuerdan en género y número con el nombre que califican. Regularmente el adjetivo calificativo sigue al nombre.

> La Organización de las Naciones **Unidas** es un organismo **mundial**.

Hay casos en los que el adjetivo se antepone al nombre, cuando se le quiere dar énfasis a la cualidad o cuando esa cualidad es inherente o característica del nombre.

> Esperamos que se logre la **ansiada** paz.
> Ese **ejemplar** organismo que es el Cuerpo de Paz.

También es posible en casos en que dos o más adjetivos calificativos describen o distinguen un nombre, anteponer unos y colocar otros después del nombre de que se trate.

> La **funesta** y **terrible** guerra **civil** destruyó la nación.
> El **honorable** señor **secretario** de Defensa Nacional.

Otras veces se pueden anteponer dos o más adjetivos al nombre, o colocarlos todos después del nombre.

El **gran estadista norteamericano** F.D. Roosevelt murió en 1945.
La guerra **civil norteamericana** se inició en el año 1861.

En realidad, la lengua española goza de mucha flexibilidad y liberalidad en cuanto a la posición de los adjetivos calificativos, admitiendo toda clase de combinaciones. Su posición depende más bien de un sentido estético de sonido, de ritmo, de buen gusto.

Ejercicios

a) Agregue a las siguientes oraciones el adjetivo calificativo que se da en paréntesis, cuidando que concuerde en género y número con el nombre:

> Modelo: El **mundo** aboga por la paz (religioso)
> El mundo **religioso** aboga por la paz.

1. Todos queremos alcanzar la **meta** de la paz. (glorioso)   2. **Instituciones** también laboran diariamente. (laico)   3. Salvo **casos** todos los gobiernos dicen querer la paz. (extraordinario)   4. Los **cohetes** destruyeron la ciudad. (dirigido)   5. El tópico se presta a **opiniones,** (disímil)   6. Una **causa** es necesaria para la guerra. (justo)   7. La guerra es una **amenaza** para la humanidad. (terrible)   8. El **Oriente** está en crisis. (Medio)   9. Las **naciones** quieren la paz. (vecino)   10. Las **armas** son más mortíferas. (nuevo)

b) Agregue a las siguientes oraciones los adjetivos calificativos que se dan en paréntesis, cuidando que concuerden en género y número con el nombre:

> Modelo: El Mensaje de Gettysburg (extraordinario, bello)
> El **bello** y **extraordinario** Mensaje de Gettysburg.

1. El **discurso** del Secretario de la ONU. (brillante, elocuente)   2. La **bomba** destruyó la ciudad de Nagasaki. (terrible, mortífero, atómico)   3. El conflicto de Corea fue una **guerra.** (justo, necesario)   4. Los **rifles** son muy efectivos. (poderoso, automático)   5. El **ejército** ganó la batalla. (valiente, americano)   6. El Cuerpo de Paz es una **institución.** (bello, ejemplar)   7. Todos queremos una **paz.** (estable, duradero)   8. Los **hombres** luchan por la paz. (pacifista, religioso)   9. La **Fuerza** bombardeó la ciudad de Berlín. (Aereo, inglés)   10. El **buque** navega por el Mediterráneo. (gigantesco, portaaviones)

CUARTO JUEGO

I. ¿QUE ANIMAL SOY?

1. ¿Es usted de Europa? *No*
2. ¿Es usted de Africa? *Sí*
3. ¿Es usted feroz? *No*
4. ¿Es usted un animal pequeño? *No*
5. ¿Es usted un animal grande? *Sí, bastante grande*
6. ¿Es usted un cuadrúpedo? *Sí, tengo cuatro patas*
7. ¿Es usted muy fuerte? *Sí, en cierto sentido*
8. ¿Vive usted en la selva? *Por lo general, no*
9. ¿Vive usted en las poblaciones o ciudades? *Es posible*
10. ¿Es usted un animal de carga? *Algunas veces*
11. ¿Corre usted muy rápido? *Muy rápido, muy rápido, no*
12. Pero, ¿es usted ligero? *Sí, soy ligero*
13. ¿Come usted carne? *No*
14. ¿Come usted sustancias vegetales? *Sí*
15. ¿Es suave su piel? *Bastante*
16. ¿Cabalgan los hombres sobre usted? *Generalmente, sí*

17. ¿Es usted un caballo? *No*
18. ¿Es usted un burro? *No* (Aparte: el burro será usted)
19. ¿Es usted de color gris? *No*
20. ¿Es usted de color moreno? *Muchas veces, sí*
21. ¿Se puede comer su carne? *Generalmente, no*
22. ¿Se usa su piel de ropa? *Algunas veces*
23. ¿Vive usted en el desierto? *Generalmente*
24. ¿Tiene usted fama por no tener que beber mucha agua? *Sí*
25. ¿Algunos le llaman a usted "el barco del desierto"? *En efecto*
26. ¡Ah! entonces, usted es un camello. *Evidentemente*

CAPITULO VEINTIUNO

I. TOPICO: UNA CUESTION LEGAL

EL ABOGADO DEBE DEFENDER

Pongamos por caso el de una persona que ha sido acusada de haber cometido un asesinato y que, según todas las evidencias y pruebas que existen, es culpable del delito que se le imputa, pues inclusive esta persona confesó haber realizado el hecho criminal. Sin embargo, por un olvido o negligencia de las autoridades policíacas no se le advirtió, en el primer momento de su detención, del derecho que tenía de no hablar o declarar nada sobre el caso, si así lo quería.

Si un abogado alega en el juicio que se omitió este trámite, es seguro que el acusado quedará libre, por no haberse cumplido con ese tecnicismo legal. ¿Debe el abogado defender al acusado y lograr su absolución?

Nuestra respuesta es afirmativa. Debe defenderlo. Para eso es

Estatua a la Justicia.   Foto cortesía de The Bettmann Archive.

abogado. Cuando se decidió a estudiar para abogado y ejercer esa profesión, sabía que durante el ejercicio de su carrera se le presentarían toda clase de situaciones, y habría casos en que su cliente tendría la razón y el derecho, pero habría otros en que no los tendría. Como abogado tiene el deber de defender, en todo momento, a su cliente. No importa que éste sea verdadero culpable de un delito contra la vida. Si a través de un tecnicismo legal él puede obtener la absolución de su cliente, no debe vacilar en hacerlo.

Después de todo él está actuando dentro de la ley; él no está mintiendo, él es honesto consigo mismo, con su cliente, con los jueces, con la sociedad. Si las leyes procesales del estado dicen que es ineludible cumplir con el trámite que se omitió, él debe alegarlo en favor de su defendido y obtener su libertad. Igualmente, el juez que conozca del caso no tendrá otra alternativa que disponer la libertad del acusado.

Y no es lícito argumentar que es injusto que una persona realmente culpable de un acto criminal se vea en libertad, porque sencillamente él ha hecho uso de un derecho que las leyes de la comunidad a que pertenece le concede. Si la sociedad entiende que esto va en contra de sus intereses, ¿por qué, entonces, reconoce ese derecho? En sus manos está la solución: modifique o derogue ese requisito o tecnicismo legal. Pero no hay dudas que mientras exista un medio por el cual el abogado pueda favorecer a su cliente, debe hacer uso de ese medio. Con razón o sin ella, es deber ineludible del abogado defender a su patrocinado.

Preguntas

1. ¿Qué opina usted del derecho del acusado de abstenerse a declarar?
2. ¿Cree usted que la omisión de advertirlo de ese derecho sea causa suficiente para que quede en libertad, a pesar de que haya cometido el crimen que se le imputa? Razone su respuesta.
3. ¿Piensa usted estudiar para abogado, o le gustaría ser abogado?
4. ¿Qué opinión tiene usted, en general, de los abogados?
5. ¿Estima usted que los abogados deben defender en todos los casos a sus clientes?

EL ABOGADO NO DEBE DEFENDER

Pero, ¿cómo es posible concebir que un abogado que cierta-
mente sabe que la persona que requiere sus servicios profesionales
es un vil asesino, la vaya a defender y obtener su libertad basándose
en un tecnicismo legal?

No creemos que esta sea la verdadera función del abogado.
Estimamos que el abogado, como hombre, como profesional, como
valor positivo dentro de la sociedad, tiene el deber, ante todo, de
defender a la sociedad, y no a un miembro de ésta, que ha violado
sus principios y que ha lesionado gravemente sus intereses. Este
abogado no podría estar a bien con su propia conciencia y con sus
principios morales si se decidiera a defender y a lograr la libertad
de alguien que, inclusive, pudiera el día de mañana, ya libre,
atacarlo a él o a algún miembro de su familia.

Un abogado, en este caso, no debe pensar que va a ganar
unos cuantos dólares más, ni que es su obligación, como abogado,
defender al criminal. No importa que exista una ley procesal que
favorezca al acusado. Si quiere ser útil a la comunidad, debe hacer
lo posible para que el crimen no quede impune, es decir, sin
castigo. Los abogados, así como los jueces, magistrados, y autoridades policíacas, que se dedican a que la justicia se aplique y se
cumpla, no pueden permitir de ninguna manera tal cosa. ¿Es esta
la forma de servir a la justicia, dejar en libertad a una persona que
ha cometido un grave delito?

El tecnicismo legal debe ser anulado, o no debe aplicarse, por
ser injusto, inmoral, discriminador, disociable. Y aquél que lo
aplicara habría que decirle que no está cumpliendo con el sagrado
deber de defender a la justicia y la razón. ¿Qué pueden pensar de
él los familiares y amigos de la víctima, al ver que, valiéndose de
un ardid o un truco legalista, va a lograr que el victimario quede
en libertad? ¿No es esto una burla? ¿No es esto una agresión a las
personas honradas y decentes, que son respetuosas de las leyes, que
protegen a los componentes de la comunidad? Realmente que se
perdería el estímulo para continuar siendo un buen ciudadano.

No, y mil veces no. El abogado, en este caso, no debe defender
al criminal. Su deber es quedar bien consigo mismo y con la
comunidad a que pertenece.

Preguntas

1. Si usted fuera abogado, ¿defendería al acusado en este caso?
2. ¿Qué entiende usted por justicia?
3. ¿Conoce usted algún caso verdadero en el cual se alegó este tecnicismo legal y el acusado quedó en libertad?
4. ¿Qué cree usted de las leyes procesales de esta nación? ¿Deben modificarse algunas de ellas, o en general todas son buenas?
5. Si las leyes penales que castigan los delitos en general tienen como finalidad la protección de la sociedad, ¿cómo es posible que existan también algunas que protejan al criminal?

VOCABULARIO

advertir (ie, i) llamar la atención, prevenir
alegar citar
anular cancelar, negar
ardid (el) artificio, astucia
burla acción por la que se convierte a una persona o cosa en objeto de risa
burlarse de reirse, no tener respeto a alguien o algo
calificar atribuir calidad
contar con confiar en una persona o cosa
cuestión (la) asunto, tópico
cumplir ejecutar
declarar dar testimonio, testificar
derogar abolir, anular
disociable que separa, desune
disponer colocar, poner en orden

ejercer practicar
estar a bien estar tranquilo
estar de acuerdo tener la misma opinión
impune sin castigo
imputar atribuir a uno la culpa, acusar
ineludible inevitable
patrocinado cliente, defendido
pertenecer ser parte o miembro de un cuerpo u organización
procesal relativo a un proceso judicial
proceso diligencias judiciales de una causa
sinrazón (la) falta de sentido o razón
trámite (el) paso, proceso
truco engaño, fraude

II. REPASO GRAMATICAL "AD HOC"

52. *PARA QUE y el Subjuntivo*

La frase **para que** siempre va seguida del subjuntivo porque indica una acción que puede ocurrir pero no es seguro o cierto que ocurra.

Yo te llamé para que pudieras leer el periódico.

Debemos hacer lo posible **para que** el crimen no **quede** impune.
El abogado lo defenderá **para que** la justicia **sea** servida.

Ejercicio

Cambie las siguientes oraciones al tiempo presente:

Modelo: Se aprovechó de ese tecnicismo **para que** lo **libertaran.**
Se aprovecha de ese tecnicismo **para que** lo **liberten.**

1. El acusado no confesó su culpa para que el abogado tuviera más confianza en él.
2. La Corte Suprema cambió la ley para que nadie fuera víctima de la injusticia. 3. A los criminales les gustaban esos tecnicismos para que hubiera más oportunidades de evadir la justicia. 4. El juez no quería mostrar parcialidad para que no se impidiera la justicia. 5. El abogado hizo todo lo posible para que su cliente no recibiera una sentencia severa.

53. *Los Pronombres como Objetos de Preposiciones*

Los pronombres que pueden ser objetos de preposiciones son, en español, los mismos que se usan como pronombres personales, con la excepción de los correspondientes a las primera y segunda personas del singular, que en este caso son **mí** y **ti.**

Es **por ti** y los radicales que hay tanto crimen.
¿Qué dice la ley? **Según ella,** la confesión es inválida.
No hay nada que nos proteja **a nosotros** los ciudadanos.
Estas leyes están **en contra de ustedes.**
¿Las leyes federales? No sé mucho **de ellas.**
Lo juraría **ante ustedes** o **ante él.**
Las leyes son para todos, **para mí y para vosotros.**

Ejercicios

a) Use la forma correcta del objeto, según los modelos:

¿El juez? No sé nada **de él.**
¿La víctima? Las leyes no son **para ella.**

1. ¿El pueblo? La justicia es para _el_ . 2. ¿Los acusados? Los tecnicismos trabajan a favor de _ellos_ 3. ¿La policía? Las nuevas leyes están en contra de _ella_ . 4. ¿El delito? El acusado fue culpable de _el_ . 5. ¿Los derechos? Se ha hecho uso de _ellos_ 6. ¿Los hechos? La corte no se dio cuenta de _ellos_ . 7. ¿Tú y yo? Ellos no piensan en _nosotros_ 8. ¿La justicia? A veces los abogados se olvidan de _ella_ . 9. ¿Su inocencia? La víctima no puede contar con _ella_ . 10. ¿El juicio? Se escribió mucho en el periódico sobre _el_ .

b) Conteste las siguientes preguntas usando el pronombre objeto apropiado :

   Modelo : ¿La justicia es **para mí**?
           Sí, es **para ti**. (usted)

1. ¿Se burlan ellos de **la justicia**? 2. ¿Es **por las cortes** que hay tanto crimen? 3. ¿**Según la policía,** tienen la culpa los liberales? 4. ¿Las sentencias ligeras van acompañadas **por más crímenes**? 5. ¿Se escribe mucho **sobre el proceso judicial actual**? 6.¿ Te acuerdas **del juicio**? 7. ¿Insisten en la imparcialidad **de los jueces**? 8. ¿Confías **en nuestro sistema legal**? 9. ¿Crees que las leyes trabajan **en contra de ti**? 10. ¿Produce una mala reacción **en ustedes** la situación criminal de hoy?

54. Mí y Ti como Objetos de la Preposición CON

   Cuando los pronombres **mí** y **ti** son objetos de la preposición **con**, sufren cierto cambio en su estructura. **Mí** se convierte en **migo**, y **ti** cambia a **tigo**. Además estas formas se unen a la preposición **con**, formando una sola palabra :

   La policía puede contar **conmigo**.
   Nadie quiere discutir **contigo**.

Ejercicio

Conteste las siguientes preguntas, de acuerdo con el modelo :

   ¿Estás de acuerdo **conmigo**?
   No, no estoy de acuerdo **contigo**.

1. ¿Quieres ir a la corte conmigo? 2. ¿Puedo contar contigo? 3. ¿Va el abogado a hablar contigo sobre el juicio? 4. ¿Crees que la policía coopere conmigo en esta cuestión? 5. ¿Traes las pruebas contigo? 6. ¿Trabajarás conmigo o con él? 7. ¿Está el juez de acuerdo contigo y con ellos? 8. ¿Vas a declarar conmigo en el juicio?

use subjunctive for:

W - WISH
O - ORDER
R - REQUEST
D - DOUBT OR DENIAL
E - EMOTION

CAPITULO VEINTIDOS

I. TOPICO: LO PRACTICO Y EL IDEAL

EL HOMBRE PRACTICO

La vida no es más que un compromiso u obligación que tratamos de cumplir lo mejor posible. No puede negarse que los ideales son deseables y necesarios para todo hombre, pero hay que afirmar que lo más importante y preciso en toda vida humana es lo práctico, es decir, lo que nos va a dar un provecho o utilidad material inmediato. Siempre hay que buscar lo más sensato, lo más juicioso, lo más razonable en la vida, esto es, hacer lo mejor para nuestra familia, para nuestros amigos, para nosotros mismos. En estas situaciones no podemos contar con teorías o ideales sino con nuestro práctico sentido común.

Realmente la vida es una constante lucha contra obstáculos que pueden ser fáciles o difíciles de vencer. Si queremos superarlos es necesario que busquemos soluciones prácticas.

Estatua de Abraham Lincoln. Foto cortesía de Ralph E. Prouty.

Antes de comenzar una obra, antes de iniciar una labor, antes de tomar una decisión o determinación, por grande o pequeña, trascendente o baladí, que ella sea, el hombre práctico habrá de analizar y aquilatar los pros y los contras que pudieran derivarse de esa obra, tarea o decisión que habrá de emprender o tomar. Si llega a la conclusión de ponerla en marcha, el hombre práctico no dejará ningún factor, ningún punto a la casualidad o la suerte, no se dejará llevar por una corazonada, ni tan siquiera por la intuición. Será todo prudencia, todo perspicacia. La cautela será fiel compañera en todos sus actos.

Puede ser cierto que debamos tener ideales, pero creemos que es de mayor importancia tener un sentido práctico, útil, provechoso de la vida, a fin de que podamos disfrutarla más y por más tiempo.

Preguntas

1. Para el hombre práctico, ¿qué es la vida?
2. ¿Eres tú una persona práctica? ¿Por qué?
3. En general, ¿quiénes resultan ser más prácticos, los hombres o las mujeres? Razona tu opinión.
4. ¿Es la suerte un factor predominante en el éxito por la vida? ¿Crees en ella?
5. ¿Puedes dar un ejemplo de una persona práctica?

EL HOMBRE IDEALISTA

Podemos ver a través de la historia como el progreso se impele siempre por los hombres de ideales, por los visionarios que tienen ante sí la inspiración de un ideal. Es por este ideal que luchan, que tratan de mejorar las condiciones adversas o insoportables en que el hombre se ve enredado. La visión o el ideal es lo que inspira al idealista. No piensa en lo práctico, porque primero tiene que ver lo ideal, tenerlo presente, usándolo de guía e inspiración. El hombre idealista no se detiene ante ningún obstáculo que se interponga al logro de sus anhelos, aunque parezca muy difícil o imposible de vencer. Sacrificio, coraje, valor, temeridad, fe, perseverancia, confianza en sí mismo, son cualidades inherentes en el idealista.

En el orden de las cosas, el ideal es lo más básico, lo más fundamental, sobre lo cual se adapta la aplicación práctica. Antes de que se haga algo efectivo, es necesario un objetivo o, lo que todos llamamos, un ideal. Miremos los ejemplos de la historia. Antes de promulgar una constitución o empezar una revolución, siempre ha existido el idealista y su ideal, que con el fuego de su pasión inflama las almas de otros, hasta que empieza la revolución y con ella el mejoramiento de una condición intolerable. Todos los grandes hombres de la humanidad han sido idealistas. Todos tuvieron un ideal por el que lucharon para alcanzarlo, y por el que muchos murieron para lograrlo. ¿Qué fueron Lincoln, Simón Bolívar, el Padre Hidalgo, Martí, sino idealistas?

Claro que el ideal es lo que en realidad produjo el resultado y, en definitiva, el progreso humano que quisimos realizar. Sin los ideales, ¿qué es un hombre? Se reduce a un animal, porque los animales son prácticos, hacen lo necesario para vivir, mientras que el hombre aspira a algo mucho más alto. Esto es lo que le ennoblece, le hace más puro, más espiritual.

Preguntas

1. ¿Eres un idealista? ¿Por qué?
2. A tu juicio, ¿vale le pena vivir la vida sin ideales? Explica tu criterio.
3. ¿Qué es la intuición? ¿Crees en ella?
4. ¿Se deja llevar el idealista por una corazonada?
5. ¿Sabes quienes fueron Simón Bolívar, el Padre Hidalgo, José Martí?

EL HOMBRE MAS IDEALISTA

Para mí el prototipo del hombre más idealista que conozco es Abraham Lincoln. El idealista es el que mantiene lo bueno siempre, frente a los ataques de sus enemigos u otros que no piensan como él. Lo arriesga todo a pesar de lo que sean las consecuencias. Podrá perder su popularidad, su posición, sus bienes materiales, inclusive su vida, por tal de mantener su fe en el ideal.

A mi juicio, pues, Lincoln ejemplifica al idealista en toda la extensión de la palabra. En vez de buscar la solución fácil, este gran presidente pensó solamente en lo que él juzgó justo y necesario.

El compromiso no existió para él. La esclavitud tenía que ser justa o injusta; no había término medio. Mantuvo su posición firme en cuanto al poder del gobierno federal, y los derechos de los estados en particular. Tal vez no estemos de acuerdo con estas dos posiciones poco populares, pero tenemos que admirarle el coraje y la fuerza con los cuales no vaciló nunca en sus creencias.

El precio que pagó por sus ideales fue altísimo: arriesgó la paz poco estable del país por no hacer ninguna concesión a sus ideas; tuvo que mandar a la muerte a millares de jóvenes por lo que él estimaba más: el ideal de la dignidad del hombre, la unión, y el principio por el cual nuestros padres lucharon contra el régimen opresivo de los tiempos coloniales. Al fin pagó el precio más alto: su propia vida.

¡Cuánto más fácil le habría sido si no hubiera mantenido sus ideales! Pero el idealista no puede pensar en el costo porque para él su ideal vale cualquier precio, el que sea necesario para lograrlo.

Preguntas

1. ¿Creen ustedes que, en efecto, Lincoln fue un gran idealista?
2. ¿Cuáles fueron los ideales de Lincoln?
3. ¿Pudo evitarse la Guerra Civil americana, o fue necesaria?
4. Si tú hubieras vivido en tiempos de Lincoln, ¿lo hubieras apoyado o lo hubieras combatido?
5. ¿Quién ha sido, en tu opinión, la persona más idealista? ¿Por qué?

VOCABULARIO

aquilatar examinar
arriesgar osar, tratar de hacer lo difícil o peligroso
baladí de poca importancia
casualidad (la) combinación de circunstancias accidentales
cautela precaución, reserva
coraje (el) valor
corazonada impulso espontáneo para obtener un objetivo

derivar tener origen de alguna cosa
emprender comenzar
ennoblecer hacer noble
enredado enlazado, complicado
fe (la) confianza
impeler estimular
interponer intercalar, poner algo entres otros
juicio opinión

juicioso de buen juicio, lógico
juzgar deliberar, decidir
logro ganancia, éxito
millares número muy grande e indeterminado
ni siquiera (véase vocabulario español-inglés)
perspicacia penetración de entendimiento
poner en marcha comenzar
promulgar publicar formalmente una ley o regulación

provecho algo útil o bueno
provechoso útil o bueno
sensato prudente, de buen juicio
sentido común capacidad de juzgar y hacer correctamente
temeridad (**la**) cualidad de ser valiente con imprudencia
término medio punto entre dos extremos, no extremo
trascendente importante

II. REPASO GRAMATICAL "AD HOC"

55. El Artículo Neutro LO + el Adjetivo

El artículo **lo** y el adjetivo masculino singular dan la idea de un nombre abstracto.

Debemos hacer **lo práctico** y **lo razonable**.
No sé si **lo ideal** es **lo** más **sensato**.

En inglés hay una variedad de expresiones que dan esta idea, como *part, side, aspect* o *thing*.

Ejercicio

Conteste las siguientes preguntas con una de las alternativas:

Modelo: ¿Pensó Lincoln en **lo práctico** o en **lo ideal**?
Pensó en **lo ideal**.

1. ¿Debemos hacer lo provechoso o lo necesario en la vida? 2. ¿Qué es lo más importante en la vida, lo espiritual o lo material? 3. ¿Qué es lo mejor del hombre, lo noble o lo fuerte? 4. ¿Qué busca el hombre práctico, lo más prudente o lo mejor para todos? 5. ¿Es el ser pacifista lo más sensato o lo más irreal en la vida? 6. ¿Siempre hacen ustedes lo más práctico o lo más fácil? 7. ¿En qué piensa un egoísta, en lo más cómodo o en lo más beneficioso para él? 8. ¿Insiste un idealista en hacer lo bueno o lo noble? 9. ¿Cuál es el aspecto de la vida que está en más graves condiciones hoy, lo social o lo económico? 10. ¿Qué prefiere usted, lo bello o lo útil?

56. Otro Uso de LO

Frecuentemente **lo** se usa con los verbos **ser, haber, estar** o **parecer** para hacer referencia a un nombre o un adjetivo previamente dicho.

¿Es usted práctico? Sí, **lo** soy.
¿Era prudente Lincoln? Sí, **lo** era.
¿Parecía absurdo? Sí, **lo** parecía.
¿Hay lo ideal en la vida? Sí, **lo** hay.
¿Estaban preocupados? Sí, **lo** estaban.

Ejercicio

Conteste las siguientes preguntas, de acuerdo con el modelo:

¿Son ustedes sensatos? Sí, **lo** somos.

1. ¿Eres razonable?   2. ¿Son insoportables los idealistas?   3. ¿Es difícil mantener un ideal?   4. ¿Es necesario que busquemos soluciones a los problemas contemporáneos?   5. ¿Estará loco un idealista?   6. ¿Ha sido muy práctico luchar en·Vietnam?   7. ¿Estás seguro de tus convicciones?   8. ¿Serían ustedes firmes en sus ideales en tiempos difíciles?   9. ¿Estaban bien pensados los ideales de Jefferson?   10. ¿Fue Jesús un hombre práctico?

57. Los Pronombres Relativos

Para unir o combinar dos ideas en una oración es muy común hacer uso de los pronombres relativos **que, quien, el que, el cual,** etc.

Que es el más usado de los relativos. Puede referirse a una cosa o a una persona.

La decisión **que** hizo no fue muy popular. (el antecedente es decisión)
Roosevelt fue el presidente **que** tuvo más problemas. (el antecedente es presidente)

El relativo **quien** se emplea solamente para referirse a una persona, pero generalmente se emplea con una preposición (**a, de, para, con, por,** etc.)

El hombre práctico es **de quien** estamos hablando.
Los presidentes **a quienes** nos referimos son Lincoln y Kennedy.

Los relativos **el que, la que, los que, las que, el cual, la cual, los cuales, las cuales** pueden referirse a un antecedente de dos o más ya mencionados.

El ideal y la fe, **la cual** es muy difícil de mantener, son las cualidades de un idealista.
El sentido común y la perspicacia, **el que** es muy fundamental, son las cualidades de un hombre práctico.

Estos relativos también pueden estar precedidos por preposiciones.

El idealista tiene su visión **por la cual** se guía.
Tenemos que tener convicciones **sobre las cuales** basar nuestra fe.

Los relativos **el que, la que, los que, las que** pueden también expresar la idea de una palabra que ha sido omitida.

El (hombre) **que** no tiene ideal es un materialista.
De todos los idealistas, **los que** más admiro son Lincoln y Bolívar.

Los relativos **lo que** y **lo cual** pueden referirse a toda una idea o algo ya dicho.

El idealista siempre dice la verdad, **lo que** le hace un poco impopular.
Los hombres prácticos buscan soluciones sensatas, **lo cual** es bueno.

Los relativos **cuyo, cuya, cuyos, cuyas** son adjetivos que indican posesión.

El comunismo es un sistema **cuyas** teorías son impracticables.
Bolívar, libertador de Sur América, **cuya** ambición fue la unión. . . .

Ejercicio

Llene el blanco con el relativo correcto. (En algunos casos dos pueden ser correctos. El antecedente aparece en negritas.)

1. Bolívar fue el gran **héroe,** _____ quiso unificar a Sud América.   2. A veces **el idealista se asocia con los oportunistas,** _____ no ayuda la causa.   3. **Los oportunistas** y los idealistas, _____ son muy egoístas, forman un equipo muy extraño.   4. Tienen **ideales nobles,** por _____ toman su inspiración, 5. No me gustan _____ (los hombres que) pretenden ser idealistas.   6. **La solución** _____ busca el práctico es lo más sensato.   7. **El hombre** con _____ debemos contar es _____ (el hombre que)

tiene una visión muy clara. 8. **La visión** y el coraje _____ le guía es lo necesario para _____ (los hombres que) quieren ser líderes. 9. _____ (La idea que) me molesta más es creer que hay solución fácil para cada problema. 10. **Un mejoramiento en la vida es** _____ quieren los hombres prácticos. 11. **Lincoln perseveró en sus ideales,** _____ rompió la paz poco estable. 12. Martí, _____ (posesión) ambición fue la independencia de Cuba, murió en batalla. 13. La vida es **una lucha** contra obstáculos _____ nunca cesa. 14. La vida es una lucha contra **obstáculos** _____ nunca cesan. 15. **La vida es una lucha contra obstáculos,** _____ saben todos los idealistas. 16. ¿No fue **Benito Juárez** el gran idealista mexicano _____ logró ser presidente de su país? 17. Hay muchos **factores** _____ influyen al idealista. 18. No conozco a ningún **idealista** _____ piense en sí mismo. 19. ¿Los idealistas? No me hablen de ellos. Su locura es _____ (la cosa que) ha causado guerras interminables. 20. La vida es _____ (la cosa que) impele al **idealista** _____ quiere cambiar **la vida** miserable de los pobres _____ tiene tanto valor como cualquier otra.

CAPITULO VEINTITRES

I. TOPICO: ¿CAMPO O CIUDAD?

LA VIDA EN EL CAMPO

Estoy seguro de que prefieres vivir en el campo, o tal vez en una pequeña villa donde de veras puedes disfrutar de una vida tranquila y placentera. La vida en un lugar rural o, por lo menos, no urbano, nos proporciona placeres sencillos, del tipo que inconcientemente buscamos y queremos.

¿Qué se quede comparar a la vida no apurada que nos ofrece tiempo para la reflexión y la meditación? ¿Qué es comparable a un pueblo donde podemos tener amistades verdaderas, en vez de una constante competencia con nuestro vecino? En el campo se ven árboles, verdura, prados, flores, la naturaleza en todo su esplendor. Aquí respiramos aire puro, nos calentamos bajo la luz del sol, no filtrada por la suciedad; tenemos tiempo para lo que queramos, una charla con un amigo, unos momentos de reposo

Calle de una ciudad. Foto cortesía de Martin Messik.

en el banco del parque, o una infinidad de cosas que, por lo general, nos faltan en un centro urbano.

Sí, así es como debemos vivir, con gente sencilla, placeres sencillos y sin preocupaciones complejas. Como nos aconsejó el famoso filósofo francés Rousseau, hace años: "Volved a la naturaleza, a la vida simple para gozar de lo bueno de la vida". Como dijo también el gran poeta español Fray Luis de León en su bello poema *La vida del campo*: "¡Qué descansada vida —la del que huye el mundanal ruido, . . . !"

Estoy completamente seguro de que, al igual que yo, prefieres la vida campestre.

Preguntas

1. ¿Qué ventajas ofrece, a tu juicio, la vida en el campo?
2. ¿Cuáles son algunas deventajas de la vida en el campo?
3. ¿Has vivido alguna vez en el campo, o en un pueblo pequeño?
4. ¿La gente del campo es distinta a la de la ciudad?
5. ¿Te gusta la naturaleza: los árboles, las flores, los prados, las montañas?
6. Si la vida del campo es tan buena, ¿por qué se mudan tantos a las grandes ciudades?
7. ¿Tienes parientes o amigos en el campo? ¿Los visitas de vez en cuando?
8. ¿Conoces el dicho español: "Pueblo pequeño, infierno grande"?

LA VIDA EN LA CIUDAD

¿Te gustaría vivir o meramente existir? Si tu respuesta es la primera de las alternativas, ven a la ciudad, al centro urbano, donde participarás de una vida de acción, de placeres sin número. ¿Quieres conocer a nuevas gentes? Pues aquí encontrarás una cantidad de diversos tipos, de múltiples personalidades, individuos interesantísimos que ampliarán tus puntos de vista con sus ideas y experiencias.

En la gran ciudad te sentirás más activo debido al estímulo de otros, con intereses similares a los tuyos. Aquí te conocerás a ti mismo, porque desarrollarás tus propios pensamientos en un mundo de movimiento, en un mundo activo. Esta es la palabra que mejor describe la vida en la ciudad: actividad. Con la actividad logramos algo en la vida, en la ciudad tenemos salida para nuestra actividad.

Aquí encontramos múltiples oportunidades para ampliar nuestras aptitudes y vocaciones y ponerlas en práctica a través de ocupaciones, profesiones u oficios.

La ciudad siempre ha sido centro de actividad, centro de cultura, centro de civilización. La ciudad es el único lugar donde tienes la máxima expresión del arte en los museos, las bibliotecas, las universidades, los teatros, los auditoriums. También puedes divertirte en los clubs o asociaciones de recreo, en los bares, cines, salas de baile y otros muchos lugares donde puedes pasar horas en un ambiente de diversión.

Sí; lo tienes todo en la ciudad, inclusive los árboles, las flores y las maravillas naturales, en los parques que casi siempre quedan a poca distancia de tu casa.

Preguntas

1. ¿Qué ventajas brinda la vida en una gran metrópoli?
2. ¿Qué desventajas tiene la vida en una ciudad grande?
3. ¿Te gusta la vida en la ciudad?
4. ¿Te gusta la ciudad dónde vives? ¿En qué ciudad vives?
5. ¿Cómo describirías a un típico ciudadano de Nueva York u otra gran ciudad americana?
6. Si la vida urbana es tan buena, ¿por qué se muda tanta gente del centro de la ciudad?
7. ¿Por qué motivos más de la mitad de la población de los Estados Unidos vive en las grandes ciudades?
8. ¿Cómo se podrían solucionar los múltiples problemas que afligen a los centros urbanos de hoy?

LA CIUDAD IDEAL

Dice el diccionario que una ciudad es un centro urbano o población importante. Claro que esto es tan amplio que realmente no nos dice más que lo esencial. Esta descripción o definición puede admitir a Tokio o a Tallahassee, a Nueva York o a Niza, o a cualquier organización municipal, con gobierno y población suficiente.

Para algunos, San Francisco es la mejor ciudad del mundo, por sus encantos, ambiente y clima agradable. ¡Qué espectáculo más impresionante el Puente Golden Gate levantando sus majestuosas torres, con las colinas verdes y la bahía de San Francisco al fondo!, exclaman los habitantes de esta gran ciudad. Los millones que viven en Nueva York, como de uno, alzan sus voces alabándola como si fuera la única ciudad del mundo. Se encuentra todo aquí, nos dicen, todo lo imaginable, los mejores hoteles, restaurantes, tiendas, teatros, cabarets. Hay oportunidades sin cuento para todo el mundo. Los críticos de esa metrópoli responden que sí, que hay de todo: demasiado tráfico, mucho crimen, aire y agua contaminados, prisa, descortesía, y mucho más. ¿Quién tiene razón? Tal vez los dos, porque en nuestra primera ciudad vemos, en forma exagerada, todo lo bueno y todo lo malo de nuestros centros urbanos de hoy.

Bueno, pero ¿qué debe tener una buena ciudad, una ciudad ideal? Primero, un clima agradable sería casi imprescindible; segundo, una buena situación geográfica para asegurarla de bastante comercio, lo que traerá como resultado que habrá bastante trabajo y oportunidades para los ciudadanos. Otras necesidades serán un buen sistema de transporte como el metro, autobuses y tranvías, buenos servicios municipales como los de policía, bomberos, recogida de basura, suministro de agua, gas y electricidad.

Y, ¿podemos olvidar las escuelas, universidades, museos y hospitales? ¿Y diversiones como los parques, teatros, cines, clubs nocturnos o cabarets, atracciones turísticas como los rascacielos, puentes, monumentos históricos?

Olvidamos algo. . . . , ah sí, para las mujeres, buenas tiendas con bellas prendas de vestir de todos los centros de modas del mundo. Bueno, llamaremos a nuestra ciudad ideal. . . . . Utopía.

Preguntas

1. ¿Qué cualidades o características debe reunir la ciudad ideal?
2. ¿Crees que exista en el mundo una ciudad ideal? En la afirmativa, ¿cuál?
3. ¿Qué grandes ciudades de los Estados Unidos has visitado? ¿Cuál te impresionó más?
4. ¿Conoces alguna ciudad importante, fuera de los Estados Unidos?
5. ¿Qué sabes de otras ciudades de la América Latina: Buenos Aires, Río de Janeiro, Ciudad México, etc., o de las de Europa: París, Londres, Roma, Madrid?

6. ¿Por qué ha crecido tan enormemente en años recientes la ciudad de Los Angeles, y por qué pierden población otras ciudades como Boston, Cleveland y St. Louis?

7. ¿Qué opinas de ciudades como Nueva Orleans, San Francisco, Nueva York, Miami? ¿Todas las ciudades de los Estados Unidos tienen una fisonomía propia, diferente?

8. Si mañana te ofrecieran la oportunidad de visitar cualquier ciudad del mundo, ¿cuál escogerías?

VOCABULARIO

al fondo en la distancia

alzar levantar

amistad (la) estado de afecto entre amigos

apurado de prisa, rápido, angustioso

asegurar afirmar algo para que no haya ninguna duda

banco asiento para varias personas, regularmente de madera

basura suciedad, lo que se tira por inservible o inútil

bombero el que tiene como profesión extinguir incendios

campestre del campo, rural

colina elevación pequeña de tierra

charla conversación espontánea, no profunda

de veras de verdad

debido a a causa de, por

encanto atractivo, belleza

huir escapar

imprescindible absolutamente necesario

meramente simplemente

metro ferrocarril metropolitano, generalmente subterráneo

metrópoli (la) ciudad muy grande y principal

mundanal del mundo

oficio profesión

placentero agradable

prado terreno llano o plano cubierto de hierba

prenda de vestir ropa

proporcionar dar

punto de vista opinión, juicio

recogida acción de juntar; recolección

reposo descanso

suministro acción de dar o proporcionar alguna cosa o servicio

verdura vegetación verde

villa pueblo, poblado, pequeña ciudad

II. REPASO GRAMATICAL ''AD HOC''

58. El Participio Pasivo como Adjetivo

El participio pasivo (**hablado, vendido, preferido**) se usa frecuentemente como adjetivo, y en este caso concuerda en género y número con el nombre que modifica.

Me gusta la vida **apurada** de la ciudad.
Estábamos bien **impresionados** con Madrid.
Respiramos aire no **filtrado** por la suciedad.

Ejercicios

a) Sustituya el nombre usado en las siguientes oraciones por los que se dan en paréntesis:

> Modelo: No es una **cosa hecha** por el hombre (espectáculo, maravillas)
> No es un **espectáculo hecho** por el hombre.
> No son **maravillas hechas** por el hombre.

1. El **agua** está contaminada. (aire, vida, aguas, ríos, lago)   2. Vivimos en una **ciudad**
favorecida por la naturaleza. (nación, país, pueblo, zona, estados)   3. ¿Cuál es la
maravilla más conocida del mundo? (rascacielos, puente, ciudades, museo, biblioteca)
4. ¿Dónde está situado el **puente**? (capital, lagos, montañas, bahía, mercados)   5.
Es una **ciudad** visitada por muchos turistas. (monumento, atracción, mercado, parque,
metrópoli)

b) Agregue a las siguientes oraciones la forma adjetival del verbo dado en paréntesis.
a fin de calificar al nombre que aparece en negritas:

> Modelo: El campo está lleno de **aire** (purificar)
> El campo está lleno de **aire purificado**.

1. El **agua** no debe tomarse. (envenenar)   2. No me gusta la **vida** de la ciudad. (apurar)
3. Es el **mundo** del campo. (olvidar)   4. La ciudad presenta en **forma** todo lo bueno
y lo malo. (exagerar)   5. Mi **ciudad** es Buenos Aires. (preferir)

59. El Adjetivo Negativo

Hay muchos adjetivos en español que no admiten los prefijos **in,
des** o ningún otro para formar el negativo. En estos casos se hace uso
del vocablo **no** seguido del adjetivo, y en ocasiones pueden usarse **poco**
o **nada** con este sentido negativo aunque no existe criterio fijo para
determinar en que casos puede usarse o no estas formas.

Prefiero vivir en un lugar **no** urbano.
Es agua **no** contaminada.
Viven en un pueblo **nada** importante.
Hay preocupaciones **poco** complejas en el campo.

La mayor parte de los adjetivos que tienen su forma negativa
propia pueden admitir también los vocablos **no** o **nada**.

Era un momento **inoportuno**. (**no oportuno, nada oportuno**)
Es un acto **ilegal**. (**no legal, nada legal**)

Ejercicio

Cambie las siguientes oraciones, según el modelo:

Es agua contaminada.
Es agua **no** contaminada.

1. Prefiero una vida tranquila. 2. Son rayos filtrados por la suciedad. 3. Me gustan los placeres sencillos. 4. Hay gente simple en la ciudad. 5. Se ven maravillas naturales. 6. Esa ciudad tiene gobierno municipal. 7. La región goza de un clima agradable. 8. En esa comunidad hay problemas serios. 9. Fue una vista impresionante. 10. Esa ciudad es cosmopolita.

60. El Adjetivo y el Sufijo ISIMO

En lugar de **muy** + el adjetivo, es de frecuente uso añadir el sufijo **ísimo** al adjetivo.

Es una ciudad **muy** interesante. (**interesantísima**)
Son placeres **muy** sencillos. (**sencillísimos**)
Vimos un puente **muy** bello. (**bellísimo**)

Ejercicio

Cambie las siguientes oraciones, usando la forma correcta de **ísimo**:

Modelo: Nueva York es una ciudad **muy grande**.
Nueva York es una ciudad **grandísima**.

1. Vivieron en una villa **muy pequeña**. 2. Prefieren una vida **muy simple**. 3. No tienen preocupaciones **muy complicadas**. 4. Hay tipos **muy extraños** en la metrópoli. 5. Buenos Aires es una ciudad **muy activa**.

En español no se usa la expresión **muy mucho**, sino que se agrega el sufijo **ísimo** a **mucho** para dar la idea de mayor cantidad.

Hay **muchos** bares en Chicago.
Hay **muchísimos** bares en Chicago.
Se goza de **mucha** actividad en las metrópolis.
Se goza de **muchísima** actividad en las metrópolis.

Ejercicio

Cambie las siguientes oraciones, usando el sufijo **ísimo**:

1. Hay **mucha** gente sencilla. 2. **Muchos** rascacielos se construyen en Nueva York.

3. Las ciudades ofrecen **muchas** actividades interesantes. 4. Se oye de **muchos** robos en los parques. 5. Hay **muchos** problemas sin solución en la ciudad. 6. Roma es una antigua ciudad de **muchas** iglesias.

Sin embargo, en español es posible usar la forma **muy poco,** aunque también es de uso normal la forma **poquísimo.**

Hay **muy poco (poquísimo)** crimen en el campo.
Se ve **muy poca (poquísima)** gente por las calles.

Ejercicio

Cambie las siguientes oraciones, usando la forma correcta de **poquísimo**:

Modelo : Los pueblos tienen **muy pocos** restaurantes buenos.
Los pueblos tienen **poquísimos** restaurantes buenos.

1. Los pueblos chiquitos te ofrecen **muy pocas** oportunidades. 2. ¿Hay ciudad grande que tenga **muy pocas** atracciones turísticas? 3. Conozco a **muy poca** gente honrada en la metrópoli. 4. Había **muy pocos** centros urbanos en tiempos coloniales. 5. **Muy pocos** habitantes de la ciudad se conocen.

CAPITULO VEINTICUATRO

I. TOPICO: EL SOLDADO Y LA GUERRA

OBEDECE A SUS SUPERIORES

El soldado X se encuentra con la orden de ejecutar a dos personas sospechosas de ser espías que trabajaban a favor del enemigo. Las dos son mujeres, y a juicio de X ellas son inocentes, pobres víctimas de una brutal e injusta guerra iniciada por un gobierno encabezado por un fanático que se ha dedicado a la total extinción del pobre país que atacaron hace dos meses. ¿Qué debe hacer el soldado X?

Para mí, X no tiene otra alternativa y obligación que seguir la orden de sus superiores y ejecutar a las dos espías. El primer y más fundamental deber de un soldado es acatar y cumplir las órdenes de sus capitanes. Lo más esencial de cualquier ejército es la obediencia de sus soldados, porque sin esto no existiría la disciplina necesaria para lograr los objetivos de la guerra.

Dos soldados. Foto cortesía de Ralph E. Prouty.

223

Al alistarse en el ejército, el soldado tiene que disciplinarse a hacer lo que le manden, olvidándose de sus principios, preferencias, gustos o cualquier filosofía de la vida que pueda impedir lo básico de su actual condición y existencia: la de ser soldado. El es, en realidad, parte de un cuerpo que lleva a cabo la política de su gobierno, y si por cualquier razón no está de acuerdo con sus representantes elegidos, no debió haberse hecho miembro de los servicios armados de su patria.

Mientras es soldado es más arma de su país que individuo, y por eso como arma o extensión de su gobierno, tiene que conformarse con las decisiones de él. Lo injusto o justo que sea un acto no es su responsabilidad sino la de su gobierno, de modo que el soldado no actúa como hombre libre, y sí como representante de su patria.

Desde el punto de vista práctico, ¿qué sería si todo el mundo se creyera en libertad de cumplir o no una orden mientras es soldado? Creo que se llama anarquía, esto de no obedecer la ley o la orden de la nación.

Preguntas

1. ¿Es necesaria la existencia de ejércitos en todos los países o naciones?
2. ¿Debe el soldado obedecer ciegamente las órdenes de sus superiores?
3. ¿Estima usted que hay casos en que el soldado puede y debe negarse a cumplir una orden?
4. ¿Debe perder el soldado su personalidad como hombre?
5. En caso de guerra, ¿tiene el ciudadano de una nación el derecho de negarse a defender a su patria?

OBEDECE A SU CONCIENCIA

Indudablemente que el soldado X tiene que seguir su propia conciencia, porque al final, ¿no somos nosotros responsables de nuestras propias acciones? ¿No debemos hacer lo que sea bueno y justo, y rechazar lo malo y lo injusto? Mantengo que cada hombre, como individuo, tiene que decidir por sí mismo, porque si quiere llamarse hombre libre tiene que seguir su propia conciencia, y no la de un político o la de un oficial superior. No deja de ser hombre porque se vista de soldado, del mismo modo que un médico no cesa de ser hombre cuando actúa como médico.

Es incuestionable que la profesión que cada uno de nosotros hayamos elegido no nos quitará la dignidad básica que nos hace hombres. Para mí, un individuo no se entrega a un gobierno para que haga de él lo que quiera. Esto sí que es rendirse, denigrándose al nivel de un instrumento.

¡Cuántas guerras podrían haberse terminado si un pobre y humilde soldado se hubiera atrevido a decirle a su superior que no iría a seguir un mandato, porque bien sabía que era injusto y bárbaro! ¡Cuántas vidas se habrían salvado si en cada guerra hubiera soldados corajudos que dejaran la loca matanza de inocentes víctimas a los pérfidos políticos que trataban de saciar sus ilícitas e infames ambiciones!

Afirmo la nobleza y la dignidad del hombre que no se ve como arma de otro, sino como un ser humano capaz de decidir por sí mismo lo que debe hacer. ¡Que vivan todos los soldados X, y sus firmes convicciones de lo bueno y lo justo de la vida!

Preguntas

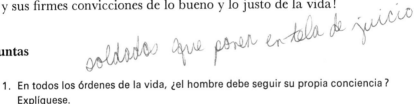
soldados que ponen en tela de juicio

1. En todos los órdenes de la vida, ¿el hombre debe seguir su propia conciencia? Explíquese.
2. El hombre que es soldado, o médico, o maestro, o sacerdote, ¿debe ser más hombre que soldado, o médico, etc., o viceversa?
3. Usted, como estudiante, ¿debe ser ante todo estudiante?
4. ¿Cree usted que el soldado X hace bien en desobedecer las órdenes de sus comandantes?
5. ¿Qué sucedería en un ejército si las órdenes no se obedecieran?

VOCABULARIO

alistarse   enrolarse, registrarse
atreverse   osar, decidir hacer algo difícil o peligroso
corajudo   violento, colérico, valiente
dejar de   omitir, cesar
de modo que   resulta que

denigrarse   deshonrarse, difamarse
encabezado   dirigido, acaudillado
entregarse   darse a la voluntad de otro
impedir   poner obstáculo a que algo se haga
patria   país donde se ha nacido

pérfido   infiel, traidor   saciar   satisfacer
rechazar   no aceptar, no admitir   sospechoso   dudoso
rendirse   no ofrecer resistencia

II. REPASO GRAMATICAL "AD HOC"

61. Los Pronombres Reflexivos Objetos de Preposiciones

Los pronombres reflexivos que son objetos de preposiciones son: **mí, ti, sí** (sing. y pl.), **nosotros** y **vosotros**. El adjetivo **mismo** y sus formas se añaden frecuentemente para dar énfasis.

Tengo que decidir **por mí.** mismo.   *except at end of senten[ce]*
¿Vas a pensar **en ti** o en tu patria?   *w/choice can use alone*
Ella siempre habla **de sí misma.**   *w/no choice use ti with*
Y usted, ¿pensaría en el país o **en sí mismo?**   *mismo.*
El pensaría **en sí** no en la patria.
Nos reímos **de nosotros mismos,** no de ustedes.
Ellos deciden **por sí mismos,** no por nosotros.
Ustedes están burlándose **de sí mismos.**

Ejercicio

Conteste las siguientes preguntas, usando la primera de las dos alternativas:

¿Se ríe **de sí mismo** o de nosotros?
Se ríe **de sí mismo.**

1. ¿Los políticos deciden por sí mismos o por nosotros? 2. Y nosotros, ¿debemos decidir por nosotros mismos o por **todos**? 3. Y tú, ¿pensarías en ti mismo o en tu patria? 4. ¿Confías en ti o en tu gobierno? 5. ¿Quieren ustedes decidir por sí mismos o por mí? 6. ¿Debo yo decidir por mí o por ti? 7. ¿Pensarán los políticos en sí mismos o en nosotros? 8. ¿El dictador se burla de sí o de su país? 9. ¿Confiarán ustedes en sí mismos o en su capitán? 10. ¿Decidirías por ti o por tus soldados?

62. Los Pronombres Reflexivos MI, TI y SI como Objetos de la Preposición CON

Estos pronombres reflexivos **mí, ti** y **sí,** cuando son objetos de la preposición **con,** adoptan la forma de **migo, tigo** y **sigo** y van unidos a dicha preposición, formando una sola palabra.

Lo traigo **conmigo**, y ellos traerán los otros **consigo**.
Tú lo llevarás **contigo** y ella lo llevará **consigo** misma.
Ustedes no pueden llevarlo **consigo**.

Ejercicio

Conteste las siguientes preguntas, usando la primera de las alternativas:

¿Debe el soldado quedar bien **consigo mismo** o con sus superiores?
El debe quedar bien **consigo mismo**.

1. ¿Está usted hablando consigo mismo o con su superior? 2. ¿Debo yo contar conmigo mismo o con mis padres? 3. ¿Está el soldado peleando consigo mismo o con sus prejuicios? 4. ¿Están ustedes soñando consigo mismo o con la patria?

63. Uso del Artículo Definido con los Vocablos DE o QUE

Los artículos definidos (**el, la, los, las, lo**) se usan con **de** o **que** *of that, which those who*
para evitar la repetición de un nombre ya mencionado.

not the one of my superior
Es mi decisión no **la de** mi superior.
No me gustan esas ideas ni **las de** él.
No puedo entender esos objetivos ni **los de** la otra guerra.
No podía entender esa filosofía ni **la que** ellos afirmaban. *defended*
Esos soldados son más responsables que **los que** ustedes describen.

Lo de significa **el asunto de** o **la idea de**, mientras **lo que** significa **el asunto que** o **la idea que**.

Me gusta **la idea de** (**lo de**) su conciencia.
El asunto que (**lo que**) usted describe se llama anarquía.

Ejercicio

Simplifique las siguientes oraciones con la forma correcta de **el que** o **el de**:

Modelo: Su conciencia no la conciencia de su superior es lo importante.
Su conciencia no **la de** su superior es lo importante.
El asunto que se decide aquí es muy grave.
Lo que se decide aquí es muy grave.

1. Es mi obligación no la obligación del capitán. 2. Son soldados corajudos, no como los soldados que tratan de evadir su conciencia. 3. Es una profesión noble, no la

profesión que describes tú. 4. Esos ataques no son como los ataques que inició Hitler. 5. Tiene que olvidarse de sus principios y pensar en los principios de su patria. 6. Las víctimas de hoy son iguales a las víctimas de otras guerras. 7. Su punto de vista debe ser igual al punto de vista de su país. 8. El asunto de llevar a cabo la política de la patria es su deber. 9. Su alternativa es como la alternativa que tenían los otros soldados. 10. La idea de mantener su conciencia no tiene importancia.

64. Uso de la Conjunción SINO

La conjunción **sino** se usa en lugar de **pero** si la primera parte de la oración es negativa y la que sigue da la información correcta y positiva.

El no es hombre **sino** soldado.
No es su responsabilidad **sino** la de su gobierno.
El ataque no fue justo **sino** brutal e injusto.

Ejercicio

Combine estas ideas con la conjunción **sino** :

     Modelos : No eran espías, eran víctimas de la guerra.
     No eran espías **sino** víctimas de la guerra.
     No se llamaría libertad, se llamaría anarquía.
     No se llamaría libertad **sino** anarquía.

1. No es un arma de su patria, es un ser humano. 2. No tiene que conformarse con las decisiones del gobierno, tiene que conformarse con la de sí mismo. 3. No creo que sea un acto noble, creo que es un acto infame. 4. No debe seguir la orden, debe seguir su conciencia. 5. Lo más esencial no es la disciplina, es la justicia.

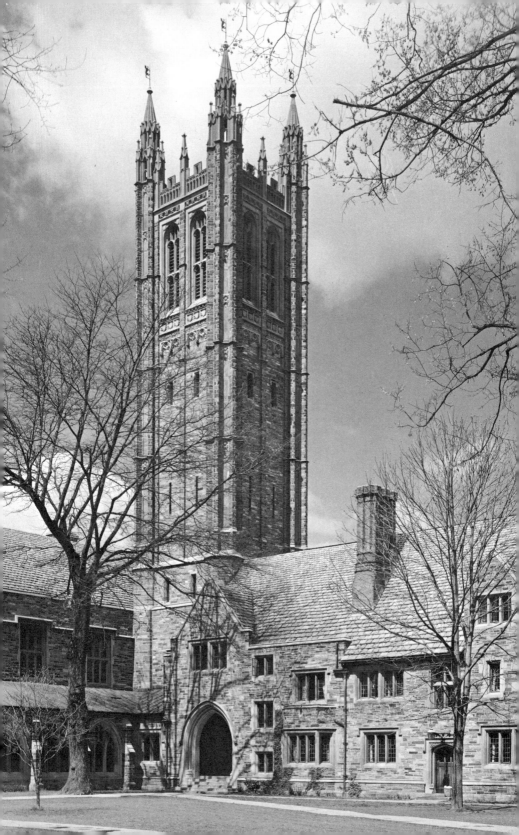

CAPITULO VEINTICINCO

I. TOPICO: LOS ESTUDIOS UNIVERSITARIOS

CURSOS PRACTICOS

Creemos que la universidad existe por y para el estudiante, no él por y para ella. Así es que se le deben ofrecer al estudiante los cursos que más sirven a sus intereses y necesidades, no los que se crean buenos o cultos para él. Se admite que hay ciertos campos del saber que debemos aprender y comprender, pero también parece muy importante la necesidad de que hayan cursos que le ofrezcan al alumno algo que le sirva de un modo más práctico, algo que le pueda ayudar en su vida diaria.

¿Práctico? ¿Qué quiere decir esta palabra? *Práctico* significa algo útil o de valor. El verbo *practicar* es aplicar lo teórico, hacer algo, poner en uso, actuar. Lo práctico es lo activo, lo vivo. La vida es actividad y por eso es necesario que nos preparemos para ella. Consiguientemente, esta preparación debe incluir los cursos

Universidad de Princeton. Foto cortesía de New Jersey Department of Conservation and Economic Development.

prácticos para que no nos encontremos sin armas en este combate que llamamos la vida. Por los cursos prácticos podemos hacer los preparativos necesarios de modo que podamos competir con cualquiera.

Por eso debemos pensar bien en los cursos universitarios que tomamos, tratando de tener en cuenta que las clases que hoy escogemos determinarán nuestro porvenir y tal vez nuestra felicidad. Así evitamos muchos cursos teóricos como la filosofía, la historia, la sociología, la teología, la literatura, a menos que uno quiera enseñarlos o esté seguro de poder aplicarlos cuando se gradúe. Hoy hay mucha demanda para las ciencias como la física, la química, la biología, las matemáticas y los cursos de negocios como la economía, el comercio, la contabilidad y la gerencia. Con estos cursos uno está bien armado en la vida.

También para ustedes, las muchachas, no se olviden de aprender la taquigrafía y la mecanografía, que son muy útiles en el mundo de los negocios.

Preguntas

1. ¿Por qué debemos estudiar cursos prácticos en la universidad?
2. ¿Qué cursos prácticos estás tomando actualmente?
3. ¿Son prácticos los cursos de idiomas?
4. ¿El estudio de la química, por ejemplo, se puede considerar práctico?
5. ¿Los grandes hombres de la humanidad han estudiado cursos prácticos?
6. ¿Hay cursos que solamente deben estudiar las muchachas?

CURSOS TEORICOS

Una de las decisiones más importantes que hacemos en la vida es la selección de los cursos de estudio en la universidad. ¿Importante? Claro que sí, porque en ella hacemos posiblemente nuestra última preparación para la vida. ¿Qué consejos se pueden dar para guiarnos en esto? Bueno, primero empecemos con una regla general: llenen su horario con las asignaturas teóricas y filosóficas, y dejen las llamadas prácticas a los otros. No se olviden del propósito fundamental de cualquier universidad o centro docente, que es el de cultivar el intelecto en un sentido universal, es decir, que debemos tratar de salir de ella con una educación amplia en la cual hemos desarrollado los procesos intelectuales.

Durante estos cuatro años tan preciosos debemos estar seguros de tomar un buen curso de la madre de todas las artes, la filosofía, que nos hace ver las causas, los efectos y la esencia de la vida. Uno no se puede llamar educado o culto sin tener una apreciación de esta trascendental rama del saber.

Por la psicología podemos mejor entendernos a nosotros mismos y los obscuros rincones de la mente. También el aspecto científico del conocimiento no se debe negar, y así es que se puede recomendar que estudiemos biología, química o física, por las cuales entenderemos como es la vida y las fuerzas que la controlan. Claro que cualquier rama de las matemáticas será de gran valor.

De las artes es preciso que demos cursos en nuestro propio idioma y las grandes obras de su literatura. Al mismo tiempo es obligatorio que conozcamos otra lengua. Recordemos una frase muy acertada al respecto: "el hombre que sabe dos idiomas vale por dos". También en esto es preferible y conveniente que si uno es joven de ascendencia latina haga un buen estudio de la lengua de sus antecesores. La historia, ¿cómo podemos comprender la actualidad si no tenemos ninguna idea del pasado?

¿En cuál de las ya citadas asignaturas debemos especializarnos? Pues, eso es lo de menos, porque lo más esencial es que somos cultos y educados, no simplemente entrenados para una profesión, todo ello gracias a haber hecho una buena selección en nuestro programa de estudios universitarios.

Preguntas

1. ¿Por qué tú estudias cursos teóricos?
2. ¿Son los cursos teóricos mejores que los prácticos? Explica tu criterio.
3. ¿Qué cursos estudió, por ejemplo, Abraham Lincoln?
4. ¿Albert Einstein fue un hombre práctico o teórico?
5. ¿Quiénes determinan el destino de los pueblos, los humanistas o los científicos?

VOCABULARIO

amplio extenso
asignatura la materia que se estudia en escuelas y colegios
citar nombrar
consejo lo que se dice a alguien para haga o no haga algo
cualquiera persona o cosa indeterminada
demanda petición
desarrollar impulsar la actividad de algo
docente que enseña
entrenado preparado para hacer algo
escoger seleccionar

evitar eludir, impedir que suceda
guiar dirigir
horario distribución de las horas para hacer algo
mecanografía (véase vocabulario español-inglés)
negocio actividad del comercio
porvenir futuro
rama división
rincón lugar oculto y apartado
taquigrafía (véase vocabulario español-inglés)
tener en cuenta tomar en consideración

II. REPASO GRAMATICAL "AD HOC"

65. Apócope de los Adjetivos

Hay algunos adjetivos que suprimen o pierden la vocal **o** final cuando preceden a un nombre masculino y singular.

Es un **buen** curso.
No hay **ningún** estudio más importante que la filosofía.
¿Cuál es el **primer** curso que se toma en la universidad?
Algún día podremos tener más libertad en la selección de cursos.
¿Qué es peor, una mala clase o un **mal** profesor?
El **tercer** año de estudio puede ser el más difícil.

El adjetivo **grande** cambia a **gran** si precede a un nombre singular, masculino o femenino.

La filosofía es una **gran** ciencia.
Un **gran** número de alumnos estudian español.

El número cardinal **ciento** cambia a **cien** antes de un nombre.

Tenemos que tomar **cien** horas de requisitos, pero yo tomé ciento tres.

El indeterminado **cualquiera** cambia a **cualquier** antes de un nombre singular, masculino o femenino.

No debes estudiar **cualquier idioma,** sino el que te guste.

El título de **santo** cambia a **san** con los nombres de los santos varones.

San Pedro   **San** Juan   **San** José

con las excepciones de Santo Domingo, Santo Tomás y Santo Toribio.

Ejercicios

a) Cambie las siguientes oraciones al singular:

> Modelo: Son unas **grandes** ideas.
> Es una **gran** idea.

1. Los malos profesores exigen demasiado.   2. ¿Cuáles fueron los primeros cursos que tomaste?   3. En esa asignatura se leen las grandes obras de Platón.   4. Has cursado algunos estudios que no tienen valor intelectual.   5. Los buenos cursos son los más difíciles.

b) Cambie la palabra en **negritas** por la que aparece entre paréntesis:

> Modelo: Es un **buen curso** (asignatura)
> Es una **buena asignatura.**

1. No hay ninguna **ciencia** que me guste. (idioma)   2. La **universidad** buena ofrece una variedad de cursos. (escuelas)   3. En todas las buenas **universidades** de la Edad Media se enseñaban las clases en latín. (centros docentes)   4. Un gran **poema** tiene muchos, grandes y profundos **pensamientos.** (obra. . . . ideas)   5. Algunos **idiomas** son más útiles para nosotros que otros. (lenguas)   6. Son las primeras **asignaturas** que se estudian. (curso)   7. ¿Por qué tenemos que tomar tantos malos **requisitos?** (clases)   8. El tercer **año** de estudios universitarios es tan importante como el primero. (asignatura)   9. Algunas **clases malas** son obligatorias. (temas)   10. En el primer **día** de clases nadie sabe de las grandes **obras** del curso. (semanas . . . .propósito)

c) Cambie la posición del adjetivo en **negritas**:

> Modelo: Es una idea **buena.**
> Es una **buena** idea.

1. Había una **buena** variedad.   2. Será un **buen** negocio.   3. Hay tantos **malos** profesores.   4. Tener sueño en clase en un **mal** síntoma.   5. **Cualquier** idioma sirve de requisito.   6. Un **mal** profesor es peor que un **mal** libro.   7. El **primer** capítulo es más interesante que el último.   8. El **tercer** año es el más difícil.   9. El *Quijote* es una **gran** obra.   10. ¿Es *Romeo y Julieta* el **primer** drama de la literatura inglesa?

QUINTO JUEGO

I. ¿QUE COMO?

1. ¿Es carne lo que comes? *No*
2. ¿Es acaso una legumbre? *No*
3. ¿Tal vez es un cereal? *No*
4. ¿Es una fruta? *Sí*
5. ¿Se come cruda? *Sí, por lo general*
6. ¿Tiene cáscara? *Sí, evidentemente*
7. ¿Tiene una semilla? *No*
8. ¿Está en sazón en el verano? *Sí*
9. ¿Está en sazón también en el invierno? *Sí*
10. ¿Se puede comer con pan? *Sí, es posible*
11. ¿Podemos también comerla con cereales? *Sí, si tú quieres*
12. ¿Esta fruta se da en los Estados Unidos? *No, realmente*
13. ¿Crece esta fruta en el Canadá? *No, tampoco*
14. ¿Se da esta fruta en México? *En algunas partes de México, sí*
15. ¿Se da también en la América Central? *Sí, en algunas regiones*
16. ¿Es entonces una fruta de clima tropical? *Sí*

17. ¿Es dulce?   *Sí*
18. ¿Es un mango?   *No. El mango tiene semilla y, además, crece en La Florida*
19. ¿Cuesta mucho esta fruta?   *Relativamente, no*
20. ¿Es redonda?   *No*
21. ¿Es muy grande?   *Puede ser bastante grande, aunque las hay de varios tamaños*
22. ¿Es más larga que corta?   *Sí*
23. ¿Cambia de color cuando está madura?   *Sí*
24. ¿Es amarilla cuando está madura?   *Sí*
25. ¿Estás comiendo una banana o plátano?   *Sí, efectivamente*

CAPITULO VEINTISEIS

I. TOPICO: LA LITERATURA

LA LITERATURA REALISTA

Si vamos a hablar de literatura realista debemos comenzar por preguntarnos qué es literatura y qué es realismo. Pues, todos sabemos qué es literatura o, por lo menos, creemos saberlo. Y en cuanto a realismo . . . ¡ah!, eso es muy fácil: todo lo que es real, verdadero, cierto; definición esta última muy ingenua, muy sencilla, pero que no deja de tener sustancia.

Si leemos u oímos un trozo literario, de inmediato sabemos que es literatura, ya sea en prosa o en verso. Claro, que toda la prosa no es literatura, ni todos los versos son poesía y, por lo tanto, literatura, aunque muchos crean que por el hecho de escribir unas líneas con más o menos rima y ritmo, ya pueden considerarse poetas y, por añadidura, literatos. De donde llegamos a la conclusión de que no todos los que escriben intentando producir literatura, lo logran.

Don Quijote y Sancho Panza.   Foto cortesía de The Bettmann Archive.

Pero bueno, aceptemos la definición de que literatura es la palabra escrita o hablada en la que se hace uso de un lenguaje elegante, que al leerlo u oirlo nos produce un placer y al mismo tiempo nos brinda una información.

Y entrando específicamente en la llamada literatura realista podríamos decir que ésta tiene por objeto narrar, describir, presentar hechos y conflictos de la vida de los hombres y de los pueblos, dándole, tal vez, preferencia a los problemas sociales, morales, religiosos, económicos, tales como los conflictos entre capital y trabajo, diferencias sociales, esclavitud, corrupción de los gobiernos, vicios, prostitución, crimen, y otros más. Preferentemente, los escritores realistas escogen el género de la novela para exponer sus ideas.

Preguntas

1. ¿Qué entiendes por literatura?
2. ¿Cómo puede definirse el realismo?
3. Si has leído novelas realistas, ¿cuál es tu favorita?
4. ¿Cuál es el género literario que más te gusta?
5. ¿Qué literatura consideras la más excelente: la inglesa, la francesa, la española, la rusa? Explícate.

LA LITERATURA ROMANTICA

El romanticismo es un movimiento literario que tuvo su mayor apogeo en la primera mitad del siglo pasado. Se dice que el romanticismo puede interpretarse como un concepto integral de la vida, muy particular, muy individual, muy subjetivo.

La literatura romántica se desliga, ante todo, de la razón, de la inteligencia, de la lógica, y va en busca de los sentimientos, dejando que sea el corazón quien decida, a través de las emociones que en cada momento puedan pesar sobre el hombre. El escritor romántico se individualiza, situando su "yo" en el lugar más destacado de la creación, pero con la idea de que su interpretación de la vida y de las cosas es la misma que la de la colectividad.

Para el escritor romántico, al dejarse llevar por la inspiración, no existen trabas ni reglas que puedan limitar su creación literaria.

Se vierte completamente libre de ellas y considera que, por lo tanto, tiene absoluta libertad para escoger sus temas, su lenguaje, su manera de exposición.

La literatura universal cuenta con excelentes escritores románticos. Entre los ingleses podemos citar a Lord Byron, Walter Scott y Shelley; entre los franceses son dignos de mencionar Víctor Hugo, Chauteaubriand y Lamartine; y entre los españoles que cultivaron este movimiento se destacan, entre otros, Zorrilla, Bécquer, Espronceda, Larra y el Duque de Rivas.

En Hispanoamérica el romanticismo tuvo una importancia extraordinaria, pues además de introducir temas del Nuevo Mundo como, por ejemplo, el indigenismo, la geografía americana, la historia local, etc., incorporó y dio a conocer el vocabulario propio de las distintas regiones, rompiendo así con la tradición idiomática de la madre patria.

Preguntas

1. ¿Qué se entiende por literatura romántica?
2. ¿Eres tú romántico? ¿Por qué?
3. ¿Debe la obra literaria estar libre de reglas y trabas?
4. ¿Te gusta algún escritor romántico? ¿Cuál?
5. ¿Te gustan las poesías, en general? ¿Qué poeta de habla española conoces?

VOCABULARIO

ante todo en primer lugar, primero

añadidura adición

apogeo punto más alto de la grandeza de algo

desligar desasociar

destacado sobresaliente, extraordinario

destacar sobresalir, ser superior

ingenuo sincero, cándido

traba impedimento

trozo parte, pedazo

verter (**ie**) vaciar, expresar conceptos

II. REPASO GRAMATICAL "AD HOC"

66. Los Adjetivos Gentilicios o de Nacionalidad

Los adjetivos gentilicios o de nacionalidad se colocan siempre después del nombre y no se escriben con mayúscula. Como otros muchos adjetivos, se pueden usar como nombres, y cuando se usan conjuntamente con otros adjetivos siempre se colocan en último lugar.

Cervantes era **español.**
Shakespeare fue un gran escritor **inglés.**
El famoso escritor **norteamericano** Hemingway murió en 1961.
Conocí a un **francés** en mi clase de literatura.
No me gusta la literatura **española** moderna.

Estos adjetivos de nacionalidad concuerdan en género y número con los nombres que modifican, aunque algunos tienen una sola forma para los dos géneros, como *vietnamita* e *israelita.*

Dos muchachas **alemanas** ganaron el premio.
El joven **alemán** también habla **español.**
Casi todas las **francesas** son rubias.
Los **belgas** lucharon contra los **alemanes.**
La mayoría de las **mexicanas** son trigueñas.

Lista de las principales nacionalidades y sus respectivos países o continentes

africano – Africa
alemán – Alemania
americano – América
árabe – Arabia
argentino – Argentina
asiático – Asia
australiano – Australia
austríaco – Austria
belga – Bélgica
boliviano – Bolivia
brasileño – Brasil
búlgaro – Bulgaria
canadiense – Canadá
colombiano – Colombia

coreano – Corea
costarricense – Costa Rica
cubano – Cuba
checoslovaco – Checoeslovaquia
chileno – Chile
chino – China
dinamarqués – Dinamarca
dominicano – República
    Dominicana
ecuatoriano – Ecuador
español – España
europeo – Europa
filipino – Filipinas
finlandés – Finlandia

francés – Francia
griego – Grecia
guatemalteco – Guatemala
haitiano – Haití
hondureño – Honduras
húngaro – Hungría
indio – India
inglés – Inglaterra
irlandés – Irlanda
israelita – Israel
italiano – Italia
japonés – Japón
libanés – Líbano
mexicano – México
nicaragüense – Nicaragua
norteamericano – Estados Unidos
noruego – Noruega

panameño – Panamá
paraguayo – Paraguay
peruano – Perú
polaco – Polonia
portugués – Portugal
puertorriqueño – Puerto Rico
rumano – Rumania
ruso – Rusia
salvadoreño – Salvador
sueco – Suecia
suizo – Suiza
turco – Turquía
uruguayo – Uruguay
venezolano – Venezuela
vietnamita – Vietnam
yugoslavo – Yugoeslavia

Ejercicios

a) Conteste las siguientes preguntas:

1. ¿Cómo se llaman los nacidos en Guatemala? 2. ¿De qué país son los suecos? 3. ¿Qué nacionalidad tenía Shakespeare? 4. ¿Juan J. Rousseau era italiano? 5. ¿Qué lengua habla usted perfectamente? 6. ¿Qué idioma estás aprendiendo ahora? 7. ¿Qué literatura crees tú que es la mejor? 8. ¿Pertenece Lord Byron al romanticismo portugués? 9. ¿Quiénes son nuestros vecinos del norte? 10. ¿Quiénes lo son del sur?

b) Cambie las siguientes oraciones, sustituyendo el nombre por el que se indica en paréntesis, haciendo los demás cambios pertinentes:

    Modelo: Las muchachas inglesas son muy inteligentes (muchacho)
            El muchacho **inglés es** muy inteligente.

1. La poesía italiana es bellísima. (canto) 2. Los pintores mexicanos son excelentes. (actrices) 3. El idioma alemán es muy difícil. (poesías) 4. La literatura rusa es famosa. (literatos) 5. La lengua española es muy elegante. (hombres) 6. El idioma portugués se parece al español. (lengua) 7. El cha cha cha es cubano. (la rumba y la conga) 8. El tango es argentino. (canciones) 9. Los intelectuales irlandeses son muy conocidos. (muchachas) 10. Los soldados vietnamitas son fuertes. (mujer)

VOCABULARIO

A

abarcar to comprise
abatir to knock down
abiertamente openly
abogado lawyer
abogar to defend
abolir to abolish
abordar to go aboard
abstenerse to abstain
aburrir to bore
acabar to end
acariciado caressed
acarrear to cause
acatamiento respect
acatar to respect
acaudillado led, headed
aceite (el) oil
acera sidewalk
acercamiento rapprochement

acercarse to approach
acero steel
acertado proper, wise
acomodado comfortable, rich
aconsejar to advise, counsel
acontecimiento event
acorazado warship
acordarse de (ue) to remember
de acuerdo con in agreement with
acusado sued, accused
adecuado adequate
además de besides, moreover
adentrar to penetrate
adinerado moneyed, wealthy
adivinar to guess
adquirir (ie) to acquire
advertir (ie, i) to warn
afán (el) anxiety

afanar to toil
afecto love, affection
aficionado fan
afligir to afflict
afrontar to face, confront
afueras outskirts
agarrar to grab, hold on
agazaparse to hide oneself, crouch
agobiar to oppress
agradar to please
agrario agrarian
agredido victim of attack
agregar to add
agrícola agricultural
aguijón (el) spur, goad
de ahí therefore, hence
ahogar to suffocate
ahorcamiento hanging
ahorro saving
aire libre outdoors
ajedrez (el) chess
ajeno foreign
ajustar to adjust
ajusticiar to execute
ala (el) (las alas) wing
alabanza praise
alabar to praise, exalt
alarde (el) ostentation
albor (el) dawn, beginning
alcance (el) reach
alcanzar to attain, reach
aldea town
alegar to allege
álgido icy
alimento food
al menos at least
alterado disturbed, changed
altura height
alumbrar to light up
alunizaje (el) lunar landing
ama (el) (las amas) mistress
ama de casa housewife
ambiente (el) atmosphere

ambos (as) both
amenazar to threaten
ameno pleasant
ametralladora machine gun
amordazar to silence
ampliar to widen
amplitud (la) width
anárquico anarchical
anciana old woman
anchuroso extensive
anhelar to long for
anhelo strong desire
anillo ring
ansia anxiety
ansiado longed for
ansiar to be anxious
ansiedad (la) anxiety
ansioso eager
ante before, in the presence of
anteponer to put before
anterior previous
antes de que before
antojar to take a fancy to
anular to annul, cancel
anuncio advertisement
añadir to add
año de luz light year
apacible peaceful
apartado remote
aparte de aside from
apenas hardly
aplicar to apply
apócope (la) shortening, apocope
apogeo apogee, height
aportación (la) something brought,
  contribution
apoyar to support, favor
apoyo support
apreciar to appreciate
aprestar to make ready
apretar (ie) to tighten
apropiado appropriate
aprovechado taken advantage of

apuesto elegant, good looking
apurar to rush
árbitro arbitrator, umpire
ardid (el) cunning strategy
ardiente burning
ardor (el) ardor, heat
arpa (el) (las arpas) harp
arrasar to raze, demolish
arrebatar to snatch
arrebato rapture
arremeter to attack
arrepentirse to repent
arribar to arrive
arriesgar to risk
arrojar to throw, drop (a bomb)
ascendencia descent
ascendiente (el) ancestor
asegurar to assure
asesinato assassination
asesino killer
asiento seat
asimismo likewise
así que as soon as
asistir to be present, attend
asociarse con to associate with
asombrar to astonish
astro star
astucia astuteness
asumir to assume, take over
atacante attacker
ataque attack
atentado crime, transgression
aterrizar to land
atesorar to treasure
atónito aghast
atracar to make shore (*naut.*)
atraer to attract
atreverse a to dare to
audazmente boldly
augurar to augur
aumentar to increase
aún still, yet
aunar to join

autopista freeway
avaro greedy
averiguar to ascertain, find out
avión-cohete (el) rocket-plane
avión de bombardeo bomber
aviso warning, notice
ayuda help

B

bahía bay
bailar to dance
bailarín (ina) dancer
baja reduction or falling in price
bajo techo indoors
banderilla small dart
banderillero one who places the banderilla
barandilla railing
barco boat
barraca hut, shack
barrera barrier, fence
barril (el) barrel
bastar to be enough, suffice
basura garbage
bateador batter
belleza beauty
beneficencia charity
beneficiar to benefit
besar to kiss
bienestar (el) well-being
bienvenida welcome
bodas wedding celebration
bodas de plata silver wedding anniversary
bolear to bowl
boleo bowling
boleto ticket
bondad (la) kindness, goodness
bondadoso kind, good
a bordo on board
bravo ferocious, mad
brindar to give, offer, present

brusquedad (la) rudeness
bujía spark plug
buque (el) ship, boat
buque de pasajeros passenger ship
burla joke, trick
burlarse de to make fun of
búsqueda search

C

cabalgar to ride a horse
caber to fit in
cadena chain
caída fall
calamidad (la) calamity
calcinar to calcine, heat
calculador calculating
cálculo calculation
calefacción (la) heating
calentar (ie) to warm
calificar to judge, rate
calificativo qualifying, describing
callado quiet
cámara de gas gas chamber
camarote (el) stateroom
camilla stretcher
campaña campaign
campeonato championship
campestre (el) country
campo country; field
canal (el) channel
candente much discussed, hot
cañón (el) canyon
caos (el) chaos
capital (el) capital, funds
¡caracoles! wow!
cárcel (la) jail
carecer to lack
careta mask
carga (de) of burden
cargo burden, accusation, charge
carretera highway
cartucho cartridge, bag
cáscara skin, peeling of a fruit

castañuelas castanets
castigo punishment
casualidad (la) chance, accident
cataclismo cataclysm, catastrophe
catarro cold
caudillo leader
caza hunt, hunting
cazuela crock
cebolla onion
ceniza ash
cercano nearby
cerebro brain
certamen (el) contest
certeza certainty
cerveza beer
ciegamente blindly
ciencia science
cifra number, cipher
cimiento foundation
cirugía surgery
cirujano surgeon
ciudadanía citizenship
ciudadano citizen
cláusula clause
clave (la) clue, key, hint
clima (el) climate
coaccionar to force
cobardía cowardice
cohete (el) rocket
colega (el, la) colleague
colérico angry
colgar (ue) to hang
colina hill
colocar to place
de color de rosa rose-colored
coloso colossus
cometido task
comodidades comforts
comparecencia court appearance
compartir to divide, share
compasivo compassionate
competencia competition, compe-
tence
complejo complex

componente (el) part, component
componer to make up, compose
comportarse to behave oneself
comprador buyer
compromiso compromise
comúnmente commonly
concebir (i) to conceive
concernir (ie, i) to concern
concordar (ue) to agree
condado earldom, county
condenar to condemn
conducir to drive, lead
confiar en confide in, trust
confort (el) comfort, convenience
confrontar to confront
conjugar to conjugate
conjuntamente in all, all together
conjunto musical musical group
conmutar to exchange
a consecuencia de because of, as consequence of
consecuentemente consequently
conseguir (i) to get
consejo advice
contabilidad (la) accounting
contar (ue) **con** to count on
contenido contained
contentar to satisfy
contienda contest, match
a continuación below
en contra de against
contradecir to contradict
contraer to contract
contrarrestar to resist, oppose
contrato contract
controvertible disputable
convivencia living together
coraje (el) courage
corbata tie
cornetín (el) cornet
corregir (i) to correct
corrida de toros bullfight
corriente current
creador creative

crear to create
crecido grown
creencia belief, creed
criar to raise
criatura creature
criterio criterion, standard
crucero cruiser
crudo raw
cualidad (la) quality
cuan how
en cuanto as soon as
cubierta deck, cover
cuchillada knife wound
cuello collar, neck
cuentista short story writer
cuerda cord, string
cuerno horn
cuestión (la) matter, affair
cueva cave
cuidado care
culminar to culminate, end
culpable guilty
culpar to blame
culto cultured
cumbre (la) top, peak
cumplimiento fulfillment
cumplir to fulfill, obey
cumplir los X años to reach X years
cursar to study
cuyo whose

CH

charlar to chat

D

dadivoso bountiful
daño damage
dañoso damaging
dar lugar a to give rise to

dar origen to originate
darse **cuenta de** to realize, be aware of
dar un paso to take a step
dato data, fact
debacle (la) debacle
deber (el) duty
debidamente duly
débil weak
debilitar to weaken
declarar to testify, give testimony
en definitiva in short
deleite (el) pleasure, delight
delicadeza delicateness, lightness
delicia delight
delictivo criminal, guilty
delito crime
demás (los, las) others
dentro de inside of
derecha the right (political)
derecho law, right
derogar to abolish, derogate
derribar to overthrow, knock down
derrocamiento overthrow
derrota defeat
desarrollar to develop
desarrollo development
desatracar to cast off
desayunarse to breakfast
descanso rest
descargar to unload
descenso landing, descending
desembocar to flow into, end in
desempleo unemployment
desenvolver (ue) to unfold, develop
desgracia misfortune
designio design
desigual unequal
desintegrar to disintegrate
deslizar to slide
desmán (el) excess
desmayado fainted, unconscious
desmayarse to faint

desolador wasted, ruined
despavorido terrified
a despecho de in spite of
despegar to take off, leave
despejado clear
despiadado unmerciful
desplegar to display
despreocuparse to relax, not worry
después de que after
destino destiny, fate
destreza skill, dexterity
destrozar to destroy
a diario daily
dictadura dictatorship
dicha happiness
diestro able, skillful
difunto deceased
dirigir to direct
discordia discord
discrepancia discrepancy
disentir (ie, i) to disagree
diseñar to design
disfrutar to enjoy
disímil dissimilar
disminuir to diminish, lessen
disociable separated
disparar to shoot, fire
disponer to arrange
disponerse de to have at disposal
disponible available
dispositivo device
divertirse (ie, i) to enjoy oneself, have a good time
divisar to perceive indistinctly
doblar to fold
dolor pain
don (el) talent, gift
dotar to endow

E

economía economy, economic base
eficaz effective

ejecución (la)   execution, carrying out
ejecutar   to execute
ejecutivo   executive
ejemplar   model, exemplary
ejercer   to practice
ejército   army
elegido   chosen
elegir (i)   to elect
elevar   to lift, elevate
embarcar   to embark
empeñarse   to insist, persist
empresa   enterprise
empresario   promoter
encaminado   directed to
encanto   enchantment, charm
encarcelamiento   stay in jail
encargado   person in charge
encargar   to entrust
encargarse de   to take charge of
encendido   ignited
encerrar (ie)   to lock up
enclenque   weak
encoger   to shrink
enderezar   to straighten out
enfatizar   to emphasize
enfermera   nurse
enfocar   to focus
enfrentar   to face
enfriar   to make cold
enfurecido   furious
engañador   one who deceives, cheat
engañar   to deceive, trick
enlazado   tied up, bound
enlazar   to lace, lasso
enredado   trapped, caught in a net
enriquecer   to enrich
enrolarse   to enroll in
ensayista (el, la)   essayist
ensordecedor   deafening
ensueño   dream
ente (el)   being
enterar   to inform

enterarse de   to find out about
entregar   to give, hand in
entuerto   injustice
envase (el)   container
envenenar   to poison
envidiar   to envy
envolver (ue)   to involve, wrap
equidistante   equidistant
equipaje (el)   baggage
equipo   team
equitación (la)   horsemanship
equivaler   to equate
equivocarse   to be mistaken
esbozar   to sketch
escalar   to scale
escalofrío   chill, shiver
escaparate (el)   show window
escasez (la)   scarcity
escaso   scarce
esclavo   slave
escultura   sculpture
esmeralda   emerald
espacial   (adj.) space
espada   sword
espanto   fright
esperanza   hope
esposas (las)   handcuffs
esquema (el)   scheme, plan
esquiar   to ski
estación (la)   season
estadio   stadium
estadista (el)   statesman
estallar   to break out
estante (el)   shelf
estar a bien   to be well, all right
estar de acuerdo con   to agree with
estar de guardia   to be on duty, guard
estar dispuesto   to be ready
estar equivocado   to be mistaken
estatal   (adj.) state
estatura   stature, height
estético   esthetic

estimar to consider, estimate
estocada sword thrust
estrellado starry
de etiqueta formal
evitar to avoid, evade
excitación (la) excitement
excitante exciting
exigir to demand
éxito success
experimentar to try, sample
explotación exploitation
exponer to expose
expuesto the aforementioned, the one before
extraño strange, foreign
extremadamente extremely

F

fabricar to build
familiar (el) member of one's family
fantasma (el) ghost, specter
faz (la) face
fe (la) faith
fealdad (la) ugliness
felicitar to congratulate, wish well
feo ugly
feroz ferocious
ferrocarril (el) railroad
fiero fierce
figurado figurative
fijarse to take notice
fila row, line
a fin de in order to
a fin de cuentas in the end
fiscal (el) district attorney
fisonomía physiognomy, appearance
flauta flute
fondos (los) funds
forjar to forge
fortaleza fortress, strength

forzosamente by force
fracasar to fail
fracaso failure
fracturar to break, fracture
frenos (los) brakes
fuente (la) fountain, source; platter
fundamento foundation
funesto dismal, sad
fusilamiento execution by shooting
fusilar to shoot

G

gama gamut
garantizador that which guarantees
garantizar to guarantee
gastar to waste, spend
gato cat; jack (auto)
género type, gender
genio genius
genocidio genocide
gentilicio national
gerencia management
girar to turn, rotate
golpear to hit, beat
goma rubber
gozar to enjoy
gozo joy
gozoso enjoyable
grado degree
grasa grease, oil
grasoso greasy, oily
grato pleasant
gravitar to gravitate
guardar to keep, watch
de guardia on duty

H

haber to have (*aux. verb*)
haber de ... to have to, must

hacer alarde   to show off
hacer falta   to be lacking
hacer un viaje   to take a trip
halar   to tow, pull
hambriento   hungry
hasta que   until
he aquí   here is
hecho   fact
hembra   female
heredar   inherit
herencia   inheritance
herida   wound
herido   wounded
herir (ie, i)   to wound
hervir (ie, i)   to boil
hogar (el)   home
hoguera   blaze
homicida (el, la)   murderer
homicidio   murder
hondo   deep
hongo   mushroom
huelga   strike
humeante   smoking

I

idioma (el)   language
ignominiosamente   ignominiously
ilusorio   illusory
imagen (la)   image
impasible   impassive
impedir (i)   to impede, hold back
ímpetu (el)   impulse, impetus
imponer   to impose
imponerse   to assert oneself
imprescindible   imperative
impulsar   to impel, prompt
impune   unpunished
imputar   to impute, attribute
inalcanzable   unattainable
incansable   untiring
incendio   fire
incitar   to incite

inclusive   including
inconmensurable   incommensurable
incontable   innumerable
incontenible   uncontrollable
incrementación (la)   increase
indigenismo   literary nativism
índole (la)   class, kind
indulto   pardon
ineludible   inevitable
infidelidad (la)   infidelity
infiel   unfaithful
infierno   hell
infligir, inflingir   to impose
infortunio   misfortune
ingerir (ie, i)   introduce, insert
ingrato   ungrateful
ingresar   register
iniciar   to begin
innato   innate
insensato   insane
insuperable   insurmountable
integrar   to integrate, compose
interferir (ie, i)   to interfere
interponer   to interpose, place be-
   tween
intrepidez (la)   intrepidness
inundación (la)   flood
invernal   (adj.) winter
invertir (ie, i)   to invest
inviolable   inviolate
invocar   to invoke
irrazonable   unreasonable
izquierda   left
izquierdista (el, la)   leftist

J

jamás   never, ever
jocoso   humorous
jugo   juice
juicio   trial, judgment a —— de in
   the judgment of
jurado   jury

jurar to swear
jurídico legal

L

ladino crafty
ladrillo brick
ladrón (el) thief
laico lay, laic
lanzador pitcher
lanzamiento pitch, throwing
lanzar to throw
lata can
latón (el) large can
lavadora washing machine
lectura reading
legumbre (la) legume, vegetable
lejano distant
lema (el) saying, motto
lenguaje (el) language
lento slow
lesión (la) injury
lesionar to damage, wound, injure
letra letter, words of a song
libelo libel
libertinaje (el) licentiousness
lícito lawful
liquidar to liquidate, end
literato writer
locomoción (la) locomotion, movement
locutor (el) announcer
lograr to attain, reach
lucha fight
lucha libre wrestling
luchar to fight
lujo luxury
lujoso luxurious

LL

llamativo attractive, showy
llano plane, level

llanta tire
llegar (el) arrival
llegar a ser to become
llevar a cabo to carry out
llorar to cry
llover (ue) to rain
lluvia rain, rainfall

M

madera wood
madre patria motherland
madrileño native of Madrid
maestría mastery
majestuoso majestic
mal (el) evil, wrong
maleante rogue
malhechor malefactor
malvado evil (person)
manga sleeve
maniobra handiwork
manso tame, gentle
maravilla marvel, wonder
maravillarse to wonder at
marcharse to leave
máscara mask, disguise
matador killer
matanza killing
máximo highest, greatest
mayúscula capital letter
mecanografía typing
medianamente half
mediano middle
médico de guardia doctor on duty
medida measure, size
a medida que as
medio average (after a noun)
medio ambiente environment
meditar to meditate
mejorar to improve
menor minor
menoscabo detriment, damage

mente (la)   mind
mentir (ie, i)   to lie
mentira   lie
mentiroso   lying
a menudo   often
mercancía   merchandise
mercantil   mercantile
merecer   to deserve, merit
meta   goal, aim
mezcla   mixture
miedo   fear
mitad (la)   half
moderador   moderating, moderator
modificar   to modify, change
molde (el)   mold
moldeado   molded
moldear   to mold
morbosidad (la)   morbidness
morboso   morbid
moreno   brown
mortífero   fatal
mostrar (ue)   to show
motor   moving
muchedumbre (la)   crowd
mudarse   to move, change residence
muebles (los)   furniture
muelle (el)   dock; spring
múltiple   multiple, complex

N

nacer   to be born
nave (la)   ship
navegar   to navigate
negar (ie)   to deny, negate
nevar (ie)   to snow
nexo   bond
niebla   fog
nieto   grandson
ni siquiera   not even
nivel (el)   level
nocivo   harmful, noxious
nórdico   of the north

norma   standard, norm
novillero   one who tends the herd, novice bullfighter
novio   boy friend
nube (la)   cloud

O

obra   work
obrero   worker
obscurecer   to darken
obtener   to get, obtain
ocultar   to hide
odio   hate, hatred
oído   hearing, ear
ojalá   I hope that, would that
ola   wave
oleaje (el)   succession of waves
olvido   forgetting, forgetfulness
operar   to operate
opinar   to have an opinion
oprimir   to oppress
optar por   to choose
opulencia   opulence
oración (la)   sentence
orbe (el)   sphere, earth
ordenado   ordinate, methodical
de ordinario   ordinarily
organismo   organism, organization
orgullo   pride
orgulloso   proud
oriental   eastern
osar   to dare to

P

padecer   to suffer
palanca   lever, bar
pandereta   tambourine
pantalones (los)   pants
papas   potatoes
papel (el)   paper, role
paradoja   paradox

parar to stop, halt
parecido likeness
pareja pair, couple
pariente (el) relative, relation
partidario fan, follower, believer, supporter
partido party, group, game
pasatiempo pastime, hobby
pase (el) pass (bullfight)
pasear to take a ride or walk
paso pace
pata foot of an animal
patear to kick
patente patent, evident
patín (el) skate
patinar to skate
patria country
patrocinado client
patrón (el) pattern
payaso clown
peatón (el) pedestrian
pedrada throw of a stone
pelea fight, quarrel
pelear to fight
pelota ball
pelota de mano handball
pena de muerte capital punishment
penado punished
penuria indigence
peñón (el) rock, cliff
pequeñez (la) smallness, pettiness
perfeccionar to perfect
periodista (el, la) journalist
periferia periphery
perjudicar to hurt, damage
perjudicial harmful
permanecer to remain
pertenecer to belong
pesadilla nightmare
pesar to weigh, **a——de** in spite of
pesca fishing

peso weight
picador horseman in bullfight who applies darts
piel (la) skin, hide
pieza piece, musical composition
pieza musical musical piece, song
pillaje (el) plunder
pillo rogue, thief
pintura painting, paint
pisada footstep
pisar to step on
piscina de natación swimming pool
pista track, runway
placer (el) pleasure
plagar to plague
platillos (los) cymbals
playa beach
plenitud (la) fullness, plenitude
plomo lead
poblar (ue) to populate
pobreza poverty
poderío power
pomo flask
poner de manifiesto to make public
poner fin a to put a stop to
poner por caso to cite
por ciento per cent
por el contrario on the contrary, on the other hand
por encima de regardless of
por entero completely
por parte de on the part of
portaaviones (el) aircraft carrier
portentoso prodigious
poseer to possess
posterioridad (la) posteriority
postulado postulate
potencia power
prado meadow
preciado prized
premio prize
preponderante prevailing

presenciar to witness, attend
presión (la) pressure
preso prisoner
prestar to lend
pretérito perfecto present perfect
prevalecer to prevail
prevenir to foresee
primo cousin
primordial fundamental, essential
principio principle, beginning
de prisa hurriedly
procedimiento procedure
procesal pertaining to a lawsuit
proceso case, trial
prodigio prodigy, marvel
prodigioso prodigious, marvelous
proeza prowess, feat
progenitor ancestor
prójimo neighbor
promedio average
propender to tend
proponer to propose
proporcionar to proportion, adjust
propósito purpose
proseguir (i) to pursue, continue
de provecho worthwhile, useful
provocar to provoke
proyectar to project
prueba proof
puente (el) bridge
puesta del sol sunset
puesto que since
pulseras de hierro handcuffs, bracelets of iron
punto de vista point of view

Q

quebrar (ie) to break, go bankrupt
quehacer (el) task, job
quijotesco quixotic, idealistic
química chemistry

quirúrgico surgical
quitar to take from

R

raciocinio reasoning
radicar to have root in
raíz (la) root
rama branch
rascacielos (el) skyscraper
rasgo feature, characteristic
razonar to reason, give reason
reacción en cadena (la) chain reaction
realmente really
rebatir to beat, repel, refute
rebelde (el, la) rebel
rebeldía rebelliousness
recitar to recite
reclamación (la) complaint, claim
¡recórcholis! wow!
recorrer to travel over
recorrido run, space-traveled
recuerdo memory, reminder
recurso recourse
redundar to result in
reemplazar to replace
reflejo reflection
reflexionar to reflect
régimen (el) regime
regir (i) to rule
regla rule
regresar to come back
rehusar to refuse
reivindicación (la) recovery
relacionar to relate
relampaguear to lightning, flash
relatar to relate
reloj (el) wrist watch
remedio remedy, way
remolcador (el) tugboat
renacer to be reborn

rendirse to surrender
reo criminal
de repente suddenly
repleto very full, replete
requerir (ie) to require
requisito requirement
rescate (el) ransom
resfriado cold
restante left, other
restos remains
restringir to restrain
retirarse to withdraw, retire
retropropulsor (el) jet
reunir to gather, unite
rezar to pray
riesgo risk
rigor (el) rigor, severity
rincón (el) corner
riqueza riches
risa laughter
robo robbery
rodeado surrounded
rodear to surround
rubio blond
rueda wheel
ruido noise
rumbo a on the way to

S

sabiamente wisely
sabiduría wisdom
sabio wise
sabroso delicious, pleasant
sacerdote (el) priest
sagrado sacred
salida exit, outlet
salvar to save
salvo safe, except
sanción (la) sanction
sangriento bloody
sano healthy
sano y salvo safe and sound
saqueo sacking

saya skirt
sazón (la) season
secuestrar to kidnap
secuestro kidnapping
sede (la) seat (of power)
seguridad (la) security
selva forest
semejante (el) fellow creature; (*adj.*) alike
semilla seed, pit, stone (of a fruit)
senado senate
sencillez (la) simplicity
señal (la) sign, signal
señalado marked
sequedad (la) dryness
ser (el) being
serio serious
simpatizar to sympathize
simplificar to simplify
sin cuento countless
sin embargo nevertheless
sin que without
sino but
sinrazón (la) wrong, injury
sismo earthquake
soberbia pride, arrogance
sobresalir to stand out, be outstanding
sobrevivir to survive
sofocar to choke
soleado sunny
soltero bachelor
sombra shadow, shade
sonido sound
soñar (ue) con to dream of
sóquer (el) soccer
sostener to maintain, sustain
súbdito subject
subsistir to subsist
substancia, sustancia substance
subvertir (ie, i) to subvert
suceder to happen
sucedidos events, results
sufrimiento suffering

sugerir (**ie, i**) to suggest
sujetar to subject
en suma in short
superar to exceed
superdotado overendowed
suprimido omitted
suprimir to suppress, omit
supuesto supposition
surcar to plow through
surgir to arise, come forth
sustancia, substancia substance
sustituir to substitute

T

tacto tact, sense of touch
tamaño size
tambor (**el**) drum
tan pronto como as soon as
tanto de as much from (of)
taquigrafía shorthand
tarea job, task
taurino relating to the bullfight
técnica technique
tecnicismo technicality
techo roof
temblor de tierra (**el**) earth tremor
temor (**el**) fear
templado temperate
tender (**ie**) to tend to
tener a su cargo to have charge of
tener en cuenta to bear in mind
tener ganas to really want to, be
  anxious to
tener que . . . to have to
teorizar to theorize
término end
terremoto earthquake
terrenal earthly
terreno land
testigo witness
tierno tender
timón (**el**) steering wheel
tiro gunshot

tocadiscos (**el**) record player
tocar to sound, play an instrument
tocarle en suerte to be lucky
toreo bullfighting
torero bullfighter
tormenta storm
torre (**la**) tower
traición (**la**) treason
traidor traitor
traje (**el**) suit of clothes
traje de luces bullfighter's costume
trámite (**el**) step, proceeding
transeúnte (**el, la**) passer-by
transmitir to transmit
trascendente important
trascender (**ie**) to extend
trasladar to move
traspasar to pass over
trastornado upset
trastorno upheaval
a través de through, by
travesía distance, trip
trepidar to vibrate
trigueño swarthy
tripulación (**la**) crew
triunfar to triumph, win
trozo musical musical piece
truco trick
turbado upset, embarrassed

U

unir to unit, join
utilidad (**la**) utility, use

V

vacilar to hesitate
vacío vacuum
valer la pena to be worth the
  trouble
valerse de to make use of
varón boy, male
a veces at times

velar to watch
vencer to overcome
venganza vengeance, revenge
venirle en ganas to do as one pleases
venta sale
ventaja advantage
veraniego summer, summery
de veras really, truly
verdaderamente truly
verter (ie) to reveal, empty
vestido de etiqueta formal dress
vestirse (i) to get dressed
vez (la) time, occasion; **de —— en cuando** every so often

a su vez at the same time
en vez de instead of
vicio vice
vicisitud (la) vicissitude, ups and downs

victimario murderer
vigilar to watch
vincular to entail
vínculo bond
violar to violate
a virtud de by virtue of
a la vista at the sight; **con —— a** with the purpose of
viviente living
vocablo word
vocero spokesman
volar (ue) to fly
voluntad (la) will
voz (la) voice
vuelo flight

Y

ya que since

INDICE DE LA MATERIA GRAMATICAL "AD HOC"